JN062724

『理趣広経』「真言分」
還梵テキスト

田中公明

The Paramādya-tantra
Mantrakhaṇḍa

A Partial Restoration of the Sanskrit Text

Kimiaki TANAKA

渡辺出版 2023

WATANABE PUBLISHING Co., Ltd., Tokyo 2023.

金剛薩埵像（サールナート考古博物館）

Vajrasattva (Archaeological Museum, Sarnath)

目次(Contents)

アーナンダガルバ

Ānandagarbha

(Toga Meditation Museum)

Summary in Tibetan

༄། །བོད་ལུགས་ཀྱི་སྔགས་ཀྱི་རྒྱུད་སྡེ་བཞིའི་དབྱེ་ཚུལ་ལྟར་ན། དཔལ་
མཆོག་དང་པོའི་རྒྱུད་ནི་རྣལ་འབྱོར་རྒྱུད་དུ་གཏོགས་པ་ཡིན། རྒྱུད་འདིའི་
བསྟན་དོན་ནི་ཤེས་རབ་གཙོ་བོར་བྱེད་པ་ཡིན། དཔལ་མཆོག་དང་པོའི་
རྒྱུད་ཀྱི་སྟོད་ཆ་ཤེས་རབ་དུམ་བུ་ནི་ཤེས་རབ་ཀྱི་ཕ་རོལ་ཏུ་ཕྱིན་པའི་ཚུལ་
གྱི་མདོའི་དཔེ་རྒྱུན་ཞུང་རྒྱས་པ་ཞིག་ཡིན་པ་དང་། དེའི་ལེགས་སྒྱུར་རྒྱ་
དཔེ་དཔར་བསྐྲུན་བྱུང་ཡོད། དཔལ་མཆོག་དང་པོའི་རྒྱུད་ཀྱི་སྨད་ཆ་
སྔགས་ཀྱི་དུམ་བུའི་ལེགས་སྒྱུར་རྒྱ་དཔེ་ད་བར་རྙེད་སོན་བྱུང་མེད། འོན་
ཀྱང་གུས་པའི་རྩོམ་ཞིབ་བྱས་པའི་རྒྱུད་རིམ་ནང་སྔགས་ཀྱི་དུམ་བུའི་
ཚིགས་སུ་བཅད་པ་དང་། རྡོ་རྗེའི་གླུ་མང་དག་ཞིག་རྒྱུད་སྡེ་གཞན་དུ་བྱུང་
བའི་ལུང་འདྲེན་དང་། དཔལ་མཆོག་དང་པོའི་རྒྱུད་ཀྱི་རྒྱ་ནག་འགྱུར་དུ་
ཚིགས་སུ་བཅད་པ་དང་། རྡོ་རྗེའི་གླུའི་སྒྲ་འགྱུར་གྱི་ཚུལ་དུ་བཞུགས་པ་
དག་ལས་བསྐྱར་གསོ་ཐུབ་ངེས་འདུག་དེས་ན་གླེགས་བམ་འདིར་སྔགས་ཀྱི་
དུམ་བུའི་ལེགས་སྒྱུར་རྒྱ་དཔེ་གུས་པས་བསྐྱར་གསོ་ཞུས་པ་དང་། དེའི་བོད་
འགྱུར་ཤན་སྒྱུར་དཔར་བསྐྲུན་ཞུས་ཡོད། རྒྱས་པ་མཁྱེན་པར་འདོད་ན་
དབྱིན་ཡིག་སྔོན་སློང་ལ་གཟིགས་གནང་ཡོད་ཞུ། །

文献概説

(1) はじめに

インドでは7世紀以後、『大日経』や『初会金剛頂経』などの組織的な密教聖典が成立し、中期密教の時代に入る。その中でも『金剛頂経』の系統は、9世紀以後、爆発的に発展して、後期密教が成立する。これは『金剛頂経』系の五元論のシステムが、密教の諸要素を体系的に整理するのに都合がよかったからと思われる。

『金剛頂経』系の密教聖典の中で最も早く成立したと考えられるのは、日本真言宗の常用経典『理趣経』である。『理趣経』については、サンスクリット写本が発見され、校訂テキストも発表されているが、その発展形態である『理趣広経』については、あまり研究が進展していなかった。

『理趣広経』の前半部分である「般若分」は、『理趣経』に密教儀軌を付加したものであり、その根幹部分は、サンスクリット原典が知られている『理趣経』と同じ内容であるが、後半部分の「真言分」には、サンスクリット写本が存在せず、その漢訳とチベット訳も、内容に大きな差異が存在したからである。

そこで著者は、サンスクリット原典が遺される他の密教文献に見られる引用や同一偈・類似偈と、漢訳に見られる偈や金剛歌の漢字音写から、『理趣広経』「真言分」のサンスクリット原文の復元を試みてきたが、この度、その成果をまとめ、一巻のモノグラフとして発表することにした。

そこでこの「文献概説」では、『理趣広経』とくに「真言分」の内容と、日本における従来の研究について、概観することにしたい。

(2)『理趣経』と『理趣広経』の成立

『理趣経』と『金剛頂経』の成立の先後については、これまでも日本の学界で多くの議論があった。

『理趣経』は、7世紀に活躍した中観派の論匠チャンドラキールティの『プラサンナパダー』に、『百五十頌般若経』の名で引用されている。また最も早い漢訳は、玄奘訳の『般若理趣分』(大正No.220-10)である。現行の不空訳『般若理趣経』(大正No.243)と『般若理趣分』の間には、かなりの出入があるが、玄奘がインドから帰国した646年までに、その原初形態が成立していたことは確実である。さらに693年に来朝した菩提流志訳『実相般若波羅蜜経』(大正No.240)は、不空訳により接近しており、現行テキストに近い梵本が7世紀のインドに存在していたことは確実である。これは他のいかなる『金剛頂経』系のテキストより早い。したがって『理趣経』が先に成立し、その内容が『初会金剛頂経』をはじめとする瑜伽タントラに影響を与えたと見るのが自然である。

そして『理趣経』の広本『理趣広経』は、『金剛頂経』十八会の第六会『大安楽不空三昧耶真実瑜伽』に相当すると考えられてきた。しかし、本章(3)で見るように、第六会に相当するのは『理趣広経』前半の「般若分」のみで、後半の「真言分」は第七会『普賢瑜伽』あるいは第八会『勝初瑜伽』に相当すると考えた方がよい。

いっぽう『初会金剛頂経』の釈タントラで、酒井真典博士が『金剛頂経』の第二会と第三会に比定した『金剛頂タントラ』(北京No.113)には、「吉祥最勝本初」dPal mchog daṅ poすなわち『理趣広経』の後半部分への言及が見られる。なお『理趣広経』に言及するのは、『金剛頂タントラ』のうち酒井博士が第二会に比定した部分である。

『初会金剛頂経』と『理趣広経』との先後については拙著『インドにおけ

る曼荼羅の成立と発展』の第１部第３章で詳しく論じているが、少なくとも『初会金剛頂経』の四大品を釈する第二会より、『理趣広経』の後半に相当する第八会が先行することが確認できる。

したがって著者は、『初会金剛頂経』をはじめとする瑜伽タントラの中では、『理趣経』の成立が最も早いと考えている。そして『理趣経』に印・真言・曼荼羅儀軌などの密教的要素が付加され、現在の『理趣広経』にまとめられるプロセスが、『初会金剛頂経』と金剛界曼荼羅の成立にも多大な影響を与えたと推定している。

⑶『理趣広経』とは何か？

つぎに『理趣経』の発展形態である『理趣広経』について、簡単に見ることにしたい。北宋時代に法賢が訳した『最上根本大楽金剛不空三昧大教王経』（大正No.244）は、『理趣経』の広本とされ、『理趣広経』と通称されてきた。全体は「般若分」（巻三の前半まで）と「真言分」（それ以後）からなり、従来は全体が、『金剛頂経』の第六会に相当すると考えられてきた。

いっぽうチベットでは、「般若分」が*Śrī-paramādya-nāma-mahāyāna-kalpa-rāja*（北京No.119）、「真言分」は*Śrī-paramādya-mantra-kalpa-kaṇḍa-nāma*（北京No.120）として訳され、『初会金剛頂経』と同じ瑜伽タントラに分類されている。現行の「般若分」はリンチェンサンポ（958-1055）、「真言分」はラツェンポ・シワウーLha btsan po źi ba 'od（1016-1111）[1]、すなわち西チベット王ラツンパ・チャンチュプウーの出家した弟によるもので、何れも11世紀の訳である。

チベット仏教ニンマ派では、マハーヨーガ、アヌヨーガ、アティヨーガの

1　シワウーの生没年については、Vitali 1996を参照。

内の三乗のうち、「マハーヨーガ十八大部」の一つに数えるが、吐蕃時代の旧訳の存在は確認されていない。

福田亮成教授は、『理趣広経』の蔵漢両訳の詳細な比較を試みたが、その結果、両者には内容に大きな差違があることが判明した。

福田教授は、チベット訳『理趣広経』「般若分」各章の章題が「大楽金剛不空真実三昧耶bde ba chen po rdo rje don yod pa'i dam tshigの大儀軌より」を冠するのに対し、「真言分」ではこれが「大楽金剛秘密bde ba chen po rdo rje gsaṅ ba[2]の大儀軌王より」になり、さらに「真言分」の後半では「吉祥最勝本初dpal mchog daṅ poの大儀軌王より」と変化することに注目し、チベット訳『理趣広経』が、成立史的に3つの異なる部分からなることを明らかにした。いっぽう漢訳の『理趣広経』には「大楽金剛秘密」に対応する部分がなく、「般若分」の「大楽金剛不空真実三昧耶」が「真言分」の「吉祥最勝本初」に直接接続することが分かった。（福田 1987）

またチベット訳では「般若分」（北京No.119）と「真言分」（北京No.120）の境界も異なり、『理趣経』の⑱深秘の法門から百字の偈に相当する部分が、「真言分」の冒頭となっている。これに関しては、シワウー訳の「真言分」の奥書に、「大訳経官リンチェンサンポが、この『理趣広経』dpal mchog daṅ poを訳した時、ところどころで梵本が欠けていたので訳さずにいたが、自分が努力して梵本を求めて得られたので訳した」lo tstsha chen po rin chen bzaṅ po yis/ /dpal mchog daṅ po'i rgyud 'di bsgyur ba la/ /bar bar dpe ma rñed pas ma 'gyur nas/ /bdag gis 'bad pas dpe btsal rñed pas bsgyur//とあり、リンチェンサンポ訳の原本の後半に欠落があったことを示唆している。（表参照）

---

2 *Āmnāyamañjarī*に見られる引用から、原題がMahāsukhavajraguhyaであることが確認された。

『理趣広経』の漢蔵比較

	章題	大正No. 244	北京No. 119	『理趣経』
般若分	1. 大三昧金剛真実理儀軌分	786b21	123-4-7	①序説 ②大楽の法門
	2. 一切如来真実理金剛三昧儀軌分	789b21	126-3-5	③証悟の法門
	3. 降伏三界金剛三昧儀軌分	790b5	127-1-6	④降伏の法門
	4. 清浄諸煩悩三昧大儀軌分	791c12	128-2-7	⑤観照の法門
	5. 一切宝灌頂大三昧儀軌分	792b12	129-1-1	⑥富の法門
	6. 一切拳印三昧大儀軌分	792c23	129-3-5	⑦実動の法門
	7. 金剛字輪三昧大儀軌分	793c26	130-2-5	⑧字輪の法門
	8. 一切曼拏羅金剛輪三昧大儀軌分	794b10	130-4-5	⑨入大輪の法門
	9. 衆金剛三昧大儀軌分	794c16	131-1-4	⑩供養の法門
	10. 金剛忿怒三昧大儀軌分	795a26	131-3-5	⑪忿怒の法門
	11. 一切楽三昧大儀軌分	795c16	131-5-8	⑫普集の法門
	12. 外金剛部儀軌分	796a14	132-2-2	⑬有情加持の法門 ⑭諸母天の法門 ⑮三兄弟の訪問 ⑯四姉妹の訪問
	13. 般若波羅蜜多教称讃分	797a29	133-2-4	⑰各具の法門
	（チベット訳「真言分」の冒頭） 14. 金剛手菩薩最上秘密大曼拏羅儀軌分	797b22	北京No. 120 133-3-7	⑱深秘の法門
真言分	「真言分」「大楽金剛秘密」	欠	133-5-4	以下対応なし
	「大楽金剛秘密」第22章の冒頭	欠	139-2-5	
	「大楽金剛秘密」続タントラの冒頭	欠	143-3-2	
	「真言分」「吉祥最勝本初」	797c26	146-1-1	
	15. 大楽金剛不空三昧大明印相成就儀軌分	802a10	148-3-3	
	16. 一切如来金剛菩提大儀軌分	804a18	150-1-2	
	17. 大金剛火焔日輪儀軌分	805b18	151-1-1	
	18. 除諸業障一切智金剛儀軌分	807c21	152-3-8	
	19. 円満一切願金剛宝儀軌分	809a17	153-2-7	
	20. 一切儀軌中最上成就儀軌分	810a11	154-1-3	
	21. 一切相応諸仏三昧曼拏羅儀軌分	811b26	155-2-8	
	22. 一切如来大三昧曼拏羅儀軌分	814b5	157-1-7	
	23. 一切相応儀軌分	817a21	159-4-4	
	24. 最上成就印相分	819c5	163-4-1	
		欠	166-5-2	
	25. 最上秘密儀軌分（続タントラ）	821c15	171-3-2	
	結語	欠	172-4-6	

なお『理趣広経』のうち、『理趣経』に対応するのは「般若分」のみであるため、「真言分」は『金剛頂経』十八会の第六会ではなく、同じ『理趣経』系の第八会『勝初瑜伽』であるとの説が現れた。漢訳の経題「最上根本」は勝初paramādyaに相当し、「大楽金剛不空三昧」mahāsukhavajrāmoghasamayaは、第六会の具名（ぐみょう）に相当するからである。

しかしこのように考えると、第七会「普賢瑜伽」の位置づけが難しくなる。酒井真典博士は、チベット大蔵経所収の『金剛場荘厳タントラ』（北京No.123）を第七会に比定したが、著者は、チベット訳で「般若分」と「真言分」の間に挿入されている「大楽金剛秘密」が、第七会に相当すると考えている。『十八会指帰』では、第八会について「稍（やや）第七会の説より広しといえども、大略同じ」と説いているが、「大楽金剛秘密」と「吉祥最勝本初」を比較すると、内容的には大差ないが、「吉祥最勝本初」（続タントラを除き影印北京版で20頁）の方が「大楽金剛秘密」（影印北京版で13頁）よりも大きくなっているからである。

また「真言分」の冒頭では、婆伽梵がこの教えを説いた処を、「大楽金剛薩埵が住む宮殿」bde ba chen po rdo rje sems dpa'i gnas gźal yas khaṅ paであると説いている。いっぽう著者は、ネパールで発見された初期密教経典『三三昧耶タントラ』のサンスクリット註（NGMPP: Reel No. 47/17）に引用される『三昧耶の続タントラ』*Samayottara*の偈文が、「大楽金剛秘密」第22章と「吉祥最勝本初」の冒頭に相当することに気づいた。「大楽金剛秘密」第22章と「吉祥最勝本初」の冒頭に置かれた本偈は、説主である大楽金剛薩埵が大楽宮殿mahāsukhavimānaに住していたと説いている。

『十八会指帰』は、「普賢瑜伽」の説処を普賢菩薩宮殿、「勝初瑜伽」の説処は普賢宮殿としている。不空は、上掲箇所の記述に基づいて、第七会と第八会の説処を普賢菩薩宮殿としたと思われる。

なお『理趣広経』「真言分」の「大楽金剛秘密」「吉祥最勝本初」と、『金剛頂経』の第七会「普賢瑜伽」、第八会「勝初瑜伽」との関係については、2022年に京都で開催された日本密教学会第55回学術大会で「『理趣広経』「真言分」の蔵漢比較について―「普賢瑜伽」「勝初瑜伽」との関係を中心に―」と題する発表を行った。関心のある読者は、同論文を参照されたい。

上述のように『理趣広経』のサンスクリット原典は知られていないが、灌頂に用いられる偈の多くが、同経の「真言分」とくに「吉祥最勝本初」から取られたことが分かっている。そこで『ヴァジュラーヴァリー』『クリヤーサムッチャヤ』『クリヤーサングラハ』『秘密集会曼荼羅儀軌二十』『吉祥秘密集会曼荼羅儀軌』（四五〇儀軌）などの儀礼文献の灌頂次第に、多くの同一偈・類似偈が存在する。これらの同一偈・類似偈は、何世代にも亘って口承で伝えられたため、テキストによってかなりの相違がある。本書では、チベット訳と合致する読みを採用した。

また著者は、最初期の母タントラである『サマーヨーガ・タントラ』の六族曼荼羅が、『理趣広経』「真言分」所説の金剛薩埵部・如来部・金剛部・蓮華部・摩尼部の曼荼羅の発展形態であることを明らかにしたが、[3]『サマーヨーガ』のサンスクリット写本[4]が発見されたことで、『理趣広経』と『サマーヨーガ』の間には、多数の同一偈・類似偈があることが確認された。

さらに『理趣経』末尾の「百字の偈」では、金剛薩埵は衆生救済のために

3　田中2010, pp.336-341.

4　Arlo Griffiths博士が、フランスのシルヴァン・レヴィ・コレクションから写本を発見したが、その後、ネパールのNational Archivesからも別写本が同定された。ネパール写本に基づいたテキスト（Negi 2018）が刊行されたが問題が多く、Griffiths博士らによる校訂テキストの刊行が待たれている。

永遠に涅槃に入らないとされるが、そこから後期密教の本初仏思想が発展したことも注目に値する。このように『理趣広経』は、瑜伽タントラだけでなく、後期密教にも多大な影響を及ぼしたことが判明したのである。

(6)本書の構成

それでは本書の構成を概観してみよう。まず文献概説に引き続いて、『理趣広経』「真言分」の漢訳・チベット訳のうち、サンスクリット原文が回収できる部分を、出典と対比しながら示した。

その場合、『理趣広経』のチベット訳や漢字音写(頁の左側)を、他のテキストに見られる同一偈・類似偈や、漢字音写から復元したサンスクリット原文(頁の右側)と対照させつつ、掲載することにした。

このようなテキストの提示方法については批判もあったが、サンスクリット原文を逐語的に訳しているチベット訳や、漢字による音写は、サンスクリット写本が発見されていない『理趣広経』においては、かけがえのない資料的価値を有しており、それと同一頁に印刷することで、両者を同時に参照できるメリットは大きいと考えている。

なお『理趣広経』からの引用や同一偈を含むサンスクリット密教文献に関しては、巻末の「参考文献」を参照されたい。

この場合、チベット訳に関しては、『影印北京版　西蔵大蔵経』(鈴木学術財団)の対応頁と段・行数を示し、出現順に配列した。またACIPからデータベースが公開されているラサ版を対校し、ラサ版の読みを採用した場合は、そのフォリオと行番号を示した。なお『理趣広経』「真言分」では、サンスクリット語のチベット語音写が不完全で、誤記と思われる箇所が多数存在する。明らかに誤記と思われるが、他の版によって補正できなかった場合は、そのまま転写して(sic)を付した。

また'tyantabhavaśuddhaye(=siddhaye)/は、対応する類似偈のśuddhayeを、siddhayeに入れ替えれば、チベット訳srid pa śin tu grub pa'i phyir/と完全に一致するという意味である。いっぽう[ ]は、サンスクリット写本に見られる同一偈、漢字音写やチベット訳の脱字と思われる箇所を修補した部分、これに対してmahāvajra{sa}mayasattvai[r]は、漢字音写から復元された原語からsaを取り去れば、対応するチベット訳sems dpa' rdo rje che raṅ bźin/に一致することを示し、{m}anupālayaは、直前に生起したsamayamのmが、漢字音写で、つぎの語の語頭に反映されていることを示している。

最近になって、プダク写本カンギュルの『理趣広経』[5]が、他の木版本にないチベット文字によるサンスクリットの音写を含むことが分かったが、これらには問題があり、正しく復原できないものが多いので、本書には収録しなかった。

いっぽう漢訳に関しては『大正新脩大蔵経』第８巻所収本を底本として、頁と段・行番号を示した。なお「漢訳（欠)」は、漢訳に対応する箇所が見当たらないことを示している。ただし「大楽金剛秘密」では、後述する『普賢瑜伽軌』の偈を除いては、対応する漢訳を示していない。

とくに『理趣広経』「真言分」の漢訳には、偈や讃、金剛歌の漢字音写が極めて豊富なので、これらとチベット訳を対照させることでサンスクリット原文が復元できる箇所が少なくない。

著者は1984年に発表した「『Vajrodaya』に引用された啓請真言について」(『印度学仏教学研究』32-2）において、アーナンダガルバの*Sarvavajrodaya*に引用された『蘇婆胡童子請問経』の啓請真言のサンスクリット原語を、異訳である『妙臂菩薩所問経』（大正No.896）に見られる漢字音写から復原す

5 Jampa Samten 1992. No. 477.

る研究を発表した。その後、森口光俊氏（1986）によって、*Ācāryakriyā-samuccaya*、*Sarvadurgatipariśodhana-tantra*などから対応する梵文が同定された。その結果、著者の復原は、ヴィサルガ(ḥ)の欠落等を除いては、ほぼ正確であったことが分かった。これ以後、著者はサンスクリット写本が失われたテキストの復原に、漢字音写からの復原を利用するようになったが、今回は従来の経験を生かして、これまでで最大のサンスクリット原文の復元を試みた。

なお唐の中期から北宋にかけての漢訳仏典に見られるサンスクリット語の音写方法と、音写に用いられる特殊な漢字については、2016年に中国雲南省剣川県で開催された第３回中国密教国際学術研討会において発表した「北宋・遼代の漢訳密教聖典においてサンスクリット語の真言や偈の音写に用いられた特殊な漢字について」と題する論文で、その概要を説明しているので、関心のある読者は同論文を参照されたい。

さらに『大正新脩大蔵経』第20巻には、『金剛頂経』十八会のうち第八会「勝初瑜伽」から略出されたといわれる『大楽金剛薩埵修行成就儀軌』（大正No.1119：大楽軌）と『金剛頂勝初瑜伽経中略出大楽金剛薩埵念誦儀』（大正No.1120：勝初瑜伽軌）、第七会「普賢瑜伽」から略出されたといわれる『金剛頂普賢瑜伽大教王経大楽不空金剛薩埵一切時方成就儀』（大正No. 1121：普賢瑜伽軌）が収録されている。これらにも『理趣広経』と同じ偈や讃、金剛歌の漢字音写が含まれるので、適宜参照した。[6]

本書の刊行が、従来、海外では注目されることが少なかった『理趣広経』のテキスト研究に、一石を投じるものとなることを期待している。

6　テキストで(理)は『理趣広経』、(大)は大楽軌、(勝)は勝初瑜伽軌、(普)は普賢瑜伽軌の漢字音写であることを示している。

Introduction

1. Preamble

In India, after the seventh century, systematic esoteric Buddhist scriptures such as the *Vairocanābhisaṃbodhi-sūtra* and the *Sarvatathāgatatattvasaṃgraha* appeared and we enter the middle phase of esoteric Buddhism. Among these scriptures, the *Sarvatathāgatatattvasaṃgraha* and its cycle, called the Vajraśekhara cycle, developed enormously and late tantric Buddhism evolved as a result. This was because the five-fold system of the Vajraśekhara cycle was convenient for systematically arranging various elements of esoteric Buddhism.

The earliest scripture of the Vajraśekhara cycle was the *Prajñāpāramitānaya-sūtra* (hereafter: *Naya-sūtra*), which is recited daily in Japanese Shingon Buddhism. Sanskrit manuscripts of the *Naya-sūtra* have already been identified and diplomatic editions have also been published. However, there has been little progress in research on its developed form, the *Paramādya-tantra*.

The first half of the *Paramādya-tantra*, the so-called "Prajñā-khaṇḍa," or Wisdom section, is an enlarged version of the *Naya-sūtra* to which ritual manuals have been added. Its essential part is no different from the *Naya-sūtra,* the Sanskrit original of which is already known. As for the latter half of the *Paramādya-tantra,* the so-called "Mantra-khaṇḍa," or Mantra section, no Sanskrit manuscript is known. There also exist major differences between the Chinese and Tibetan translations.

Accordingly, I have been endeavouring to restore the original Sanskrit of the "Mantra-khaṇḍa" of the *Paramādya-tantra* from quotations, identical or similar verses found in other esoteric Buddhist scriptures the Sanskrit texts of which are extant, and phonetic transcriptions of verses and *vajra-gīti*s in Chinese characters. On this occasion, I am presenting the results of my research and publishing it in the form of this monograph.

In this introduction, I shall survey the *Paramādya-tantra,* particularly its "Mantra-khaṇḍa," and previous Japanese research.

2. The Date of the *Prajñāpāramitānaya-sūtra* and the *Paramādya-tantra*

There has been much debate in Japanese academia about the date of the *Prajñāpāramitānaya-sūtra* and the *Sarvatathāgatatattvasaṃgraha.*

The *Naya-sūtra* is quoted in the *Prasannapadā* by Candrakīrti of the Mādhyamika school, who was active in the seventh century. The *Naya-sūtra* was first translated into Chinese by Xuanzang 玄奘 (602-664), and there are considerable differences between Xuanzang's translation (T. 220-10) and the later translation by Amoghavajra (T. 243), which is used in the Shingon sect.

However, we can confirm that the original version of the Sanskrit text was already in existence by 646, when Xuanzang returned to China from India. Moreover, the next translation by Bodhiruci (T. 240), who arrived in Chang'an in 693, is closer to Amoghavajra's translation than to that by Xuanzang. This suggests that a Sanskrit text similar to the present version existed in seventh-century India. This date is the earliest for any of the Yoga tantras. Therefore, it is natural to suppose that the *Naya-sūtra* appeared first and its contents influenced the *Sarvatathāgatatattvasaṃgraha* and other Yoga tantras.

Japanese scholars have considered the *Paramādya-tantra*, an enlarged version of the *Naya-sūtra*, to correspond to the sixth assembly of Amoghavajra's *Vajraśekhara-sūtra*, namely, the *Da anle bukong sanmeiye zhenshi yuga* 大安樂

不空三昧耶眞實瑜伽. However, as will be seen in section 3 below, only the "Prajñā-khaṇḍa," the first half of the *Paramādya-tantra*, corresponds to the sixth assembly. I am of the view that the latter half of the *Paramādya-tantra*, the "Mantra-khaṇḍa," corresponds to the seventh or eighth assembly.

The *Vajraśekhara-mahāguhyayogatantra* (Peking No. 113), an explanatory tantra of the *Sarvatathāgatatattvasaṃgraha* that Sakai Shinten identified as the second and third assemblies of the *Vajraśekhara-sūtra*, mentions the *dPal mchog daṅ po* (*Śrīparamādya*), thought to correspond to the second half of the *Paramādya-tantra*. It occurs in the part identified by Sakai as the second assembly of the *Vajraśekhara-sūtra*.

I have considered the date of the *Sarvatathāgatatattvasaṃgraha* and *Paramādya* in greater detail in chapter 3 of *An Illustrated History of the Mandala: From Its Genesis to the Kālacakratantra*, but I can at least confirm that the eighth assembly, corresponding to the second half of the *Paramādya*, predates the second assembly, an explanatory tantra on the four parts of the *Sarvatathāgatatattvasaṃgraha*.

I am therefore of the view that the *Naya-sūtra* is the earliest among the Yoga tantras, headed by the *Sarvatathāgatatattvasaṃgraha*, and I also surmise that the process whereby the current *Paramādya* came into existence following the incorporation of mudrās, mantras, and maṇḍala rites into the *Naya-sūtra* influenced the evolution of the *Sarvatathāgatatattvasaṃgraha* and the Vajradhātu-maṇḍala.

3. What is the *Paramādya-tantra*?

Next, let us survey the *Paramādya-tantra*, a developed form of the *Naya-sūtra*.

This text was translated into Chinese during the Northern Song dynasty by Faxian 法賢 under the title *Zuishang genben dale jingang bukong sanmei dajiaowang jing* 最上根本大樂金剛不空三昧大教王經 (T. 244). It was thought to be an enlarged version of the *Naya-sūtra* and is commonly known in Japan as the *Rishu-kōkyō* 理趣廣經. It consists of the "Prajñā-khaṇḍa" (up to the middle of fasc. 3) and the "Mantra-khaṇḍa" (the subsequent part), and previously it had been thought that the entire text corresponded to the sixth assembly of the *Vajraśekhara-sūtra*.

In Tibet, on the other hand, the "Prajñā-khaṇḍa" was translated as the *Śrīparamādya-nāma-mahāyana-kalpa-rāja* (Peking No. 119) by Rin chen bzaṅ po (958-1055), while the "Mantra-khaṇḍa" was translated as the *Śrīparamādya-mantra-kalpa-khaṇḍa-nāma* (Peking No. 120) by Lha btsan po, Źi ba 'od (1016-1111),[1] a younger brother of the king of western Tibet, Lha btsun pa byaṅ chub 'od. Both texts were translated during the eleventh century.

The rÑiṅ ma school of Tibetan Buddhism classifies the *Paramādya* among the eighteen tantras of the Mahāyoga cycle, although the existence of an old translation during the time of the Tufan kingdom has not yet been confirmed.

Fukuda Ryōsei conducted a detailed comparison of the Chinese and Tibetan translations of the *Paramādya-tantra*, and he discovered that there exist considerable differences between the Chinese and Tibetan translations.

1 On the dates of Lha btsan po, Źi ba 'od, see Vitali 1996.

Correspondence between the Tibetan and Chinese translation of the *Paramādya-tantra*.

Chapter Title		Taisho 244	Peking 119	*Naya sūtra*
Prajñā-khaṇḍa	Chapter 1 of the Chinese translation	786b21	123-4-7	§ 1 § 2
	Chapter 2 of the Chinese translation	789b21	126-3-5	§ 3
	Chapter 3 of the Chinese translation	790b5	127-1-6	§ 4
	Chapter 4 of the Chinese translation	791c12	128-2-7	§ 5
	Chapter 5 of the Chinese translation	792b12	129-1-1	§ 6
	Chapter 6 of the Chinese translation	792c23	129-3-5	§ 7
	Chapter 7 of the Chinese translation	793c26	130-2-5	§ 8
	Chapter 8 of the Chinese translation	794b10	130-4-5	§ 9
	Chapter 9 of the Chinese translation	794c16	131-1-4	§ 10
	Chapter 10 of the Chinese translation	795a26	131-3-5	§ 11
	Chapter 11 of the Chinese translation	795c16	131-5-8	§ 12
	Chapter 12 of the Chinese translation	796a14	132-2-2	§ 13 § 14 § 15 § 16
	Chapter 13 of the Chinese translation	797a29	133-2-4	§ 17
	Chapter 14 of the Chinese translation Mantrakhaṇḍa of the Tibetan translation bigins	797b22	Peking 120 133-3-7	§ 18 corresponding part ends
Mantra-khaṇḍa	Mahāsukhavajraguhya begins	Lacking	133-5-4	
	Chapter 22 of the Mahāsukhavajraguhya begins	Lacking	139-2-5	
	Uttaratantra of the Mahāsukhavajraguhya begins	Lacking	143-3-2	
	Śrīparamādya begins	797c26	146-1-1	
	Chapter 15 of the Chinese translation	802a10	148-3-3	
	Chapter 16 of the Chinese translation	804a18	150-1-2	
	Chapter 17 of the Chinese translation	805b18	151-1-1	
	Chapter 18 of the Chinese translation	807c21	152-3-8	
	Chapter 19 of the Chinese translation	809a17	153-2-7	
	Chapter 20 of the Chinese translation	810a11	154-1-3	
	Chapter 21 of the Chinese translation	811b26	155-2-8	
	Chapter 22 of the Chinese translation	814b5	157-1-7	
	Chapter 23 of the Chinese translation	817a21	159-4-4	
	Chapter 24 of the Chinese translation	819c5	163-4-1	
		Lacking	166-5-2	
	Chapter 14 of the Chinese translation (Uttaratantra)	821c15	171-3-2	
	Colophon	Lacking	172-4-6	

Fukuda also took note of differences in the chapter titles of the *Paramādya-tantra*. That is to say, in the "Prajñā-khaṇḍa" each chapter is said to have been taken "from the great ritual manual named *Mahāsukhavajrāmoghasamaya*" (Tib. *bde ba chen po rdo rje don yod pa'i dam tshig las*); in the first half of the "Mantra-khaṇḍa" this changes to "from the great ritual manual named *Mahāsukhavajraguhya*"[2] (Tib. *bde ba chen po rdo rje gsaṅ ba las*) and then in the second half to "from the great ritual manual named *Śrīparamādya*" (Tib. *dpal mchog dang po las*). Thus, Fukuda demonstrated that the Tibetan translation of the *Paramādya-tantra* consists of three parts, each deriving from a different source. The Chinese translation, on the other hand, lacks the part corresponding to the "Mahāsukhavajraguhya." Consequently, in the Chinese translation the "Mahāsukhavajrāmoghasamaya," corresponding to the "Prajñā-khaṇḍa," connects directly with the "Śrīparamādya," corresponding to the second half of the "Mantra-khaṇḍa" in the Tibetan translation (Fukuda 1987).

Moreover, the boundary between the "Prajñā-khaṇḍa" and the "Mantra-khaṇḍa" differs from that in the Chinese translation. In the Tibetan translation, the part corresponding to 18. Dharma-gate of Mystery and Verse of One Hundred Letters in the *Naya-sūtra* becomes the start of the "Mantra-khaṇḍa." In regard to this issue, in the colophon of the "Mantra-khaṇḍa" Źi ba 'od writes as follows: "When the great translator Rin chen bzaṅ po translated this *dPal mchog daṅ po*, he could not translate it since the manuscript was missing in parts. I made an effort to seek out the manuscript

2 We know the original name of this text from a quotation in the *Āmnāyamañjarī*.

and found it and so I translated it." (*lo tstsha chen po rin chen bzaṅ po yis/ /dpal mchog daṅ po'i rgyud 'di bsgyur ba la/ /bar bar dpe ma rñed pas ma 'gyur nas/ /bdag gis 'bad pas dpe btsal rñed pas bsgyur//*) This suggests that in the original manuscript of the Tibetan translation by Rin chen bzaṅ po the final chapter of the "Prajñā-khaṇḍa" was missing (see accompanying table).

As explained above, in the *Paramādya* only the "Prajñā-khaṇḍa" corresponds to the *Naya-sūtra.* Some scholars have thought that the "Mantra-khaṇḍa" corresponds not to the sixth assembly but to the eighth asembly, the *Shengchu yuga* 勝初瑜伽. In the title of the Chinese translation, *Zuishang genben* 最上根本 corresponds to *Shengchu* 勝初 (*paramādya*) while *Dale jingang bukong sanmei* 大樂金剛不空三昧 (*mahāsukhavajrāmoghasamaya*) corresponds to the full title of the sixth assembly.

This raises the question of how to regard the seventh assembly, the *Puxian yuga* 普賢瑜伽. Sakai Shinten identified the seventh assembly as the *Vajra-maṇḍalālaṃkāra-tantra* (Peking No. 123), which belongs to the same Yoga tantras. However, I have identified it as the "Mahāsukhavajraguhya," inserted between the "Prajñā-khaṇḍa" and the "Mantra-khaṇḍa" in the Tibetan translation.

The *Shibahui zhigui* 十八會指歸 states that the eighth assembly is slightly larger than the seventh assembly although both are roughly identical. If we compare the "Mahāsukhavajraguhya" (13 pages in the Peking edition reproduced by the Suzuki Research Foundation) and the "Śrīparamādya" (20 pages except for the *uttaratantra*), we find that they are very similar in content but the latter is more voluminous than the former.

At the start of the "Mantra-khaṇḍa," mention is made of the place where the

Bhagavat taught this text. The "Mahāsukhavajraguhya" is said to have been expounded in the palace where Mahāsukhavajrasattva resides (*bde ba chen po rdo rje sems dpa'i gnas gźal yas khaṅ pa*).

I also noticed that some verses from the *Samayottara,* quoted in the *Trisamayarājatantra-ṭīkā* (NGMPP: Reel No. 47/17) discovered in Nepal, correspond to the start of chapter 22 of the "Mahāsukhaguhyavajra" and the start of the "Śrīparamādya." These verses state that Vajrasattva, the expounder of chapter 22 onwards in the "Mahāsukhaguhyavajra" and the "Śrīparamādya," resided in the palace of great bliss (*mahāsukhavimāna*).

The *Shibahui zhigui* explains that the seventh assembly was expounded in the palace of the bodhisattva Samantabhadra 普賢菩薩宮殿, whereas the eighth assembly was expounded in the palace of Samantabhadra 普賢宮殿. I surmise that on the basis of the above references Amoghavajra made the palace of Samantabhadra the place of exposition of the seventh and eighth assemblies.

With regard to the "Mahāsukhaguhyavajra" and the "Śrīparamādya" and their identification with the seventh and eighth assemblies of the *Vajraśekhara-sūtra*, I read a paper at the 55th Conference of the Nippon Mikkyō Gakkai 日本密教學會 in Kyoto in 2022. For details, reference may be made to this paper.

As mentioned, the Sanskrit manuscript of the *Paramādya-tantra* has not been discovered. However, several verses used in initiation rites were adopted from the *Paramādya,* particularly from the "Śrīparamādya." Therefore, a considerable number of identical or similar verses are found in the initiation rites of ritual manuals such as the *Vajrāvalī*, *Kriyāsamuccaya*, *Kriyāsaṃgraha*, *Viṃśatividhi*, and *Śrīguhyasamājamaṇḍalavidhi* (*450vidhi*). Since these verses had been transmitted orally over many generations, there exist considerable differences among these texts. I have accordingly adopted the readings that coincide with the Tibetan translation.

On a previous occasion I showed that the six-family maṇḍala of the *Sarva-buddhasamāyoga* (hereafter: *Samāyoga*), the earliest mother tantra, developed from the Vajrasattva, Tathāgata, Vajra, Lotus, and Jewel families expounded in the "Mantra-khaṇḍa" of the *Paramādya-tantra*.[3] After the discovery of the Sanskrit manuscript of the *Samāyoga-tantra*,[4] I was able to confirm the existence of many common and similar verses in the *Paramādya* and *Samāyoga*.

Moreover, according to the Verse of One Hundred Letters at the end of the *Naya-sūtra*, Vajrasattva will not enter into *nirvāṇa* for the salvation of sentient beings. Through the *Paramādya*, this idea developed into the idea of Ādibuddha in late tantric Buddhism. Thus, the *Paramādya-tantra* had a profound influence not only on the Yoga tantras, starting with the *Sarvatathāgatatattvasaṃgraha*, but also on late tantric Buddhism.

4. The Structure of This Book

Next, I wish to explain the structure of this book. In the following section, I provide a romanized version of the restored Sanskrit text of the

3 Tanaka 2018, 203-206.

4 Arlo Griffiths discovered a manuscript in the Sylvain Lévi Collection in France, while another manuscript was identified in the National Archives Nepal. A Devanagari text (Negi 2018) based on the Kathmandu manuscript was published by the CIHTS, but it is problematic. It is expected that a new critical edition will be published by Griffiths and others.

"Mantra-khaṇḍa" of the *Paramādya-tantra*, together with identical or similar verses found in other esoteric Buddhist scriptures and corresponding Chinese and Tibetan translations.

There has been some criticism of this method of presenting a text. I believe, however, that there are advantages in being able to refer to the restored Sanskrit text (facing right) and the phonetic transcription in Chinese characters or the corresponding Tibetan translation (facing left) on the same page, especially in the case of a work such as the *Paramādya-tantra*, for which the phonetic transcription in Chinese characters and the Tibetan word-for-word translation provide indispensable material since the Sanskrit manuscript has not been found. The Sanskrit texts to which I have referred are listed in the Bibliography.

As for the Tibetan translation, I have given the corresponding page, register, and line of *The Tibetan Tripitaka: Peking Edition* (Suzuki Research Foundation) and arranged the restored passages in accordance with the order in which they appear. For collating the text, I have referred to the Lhasa edition, a romanized text of which has been released by the ACIP, and I have given the folio and line numbers.

In the "Mantra-khaṇḍa" of the *Paramādya-tantra*, the phonetic transcription in Tibetan characters is defective and there are many errors. When I have been unable to restore the text correctly, I have transcribed the Tibetan transcription as it is and added "(sic)."

"'tyantabhavaśuddhaye(=siddhaye)/" means that if we change *śuddhaye* in a similar verse to *siddhaye*, it coincides with the corresponding Tibetan translation "srid pa śin tu grub pa'i phyir/."

When missing glyphs found in the corresponding Sanskrit manuscript or the phonetic transcription in the Chinese version have been augmented on the basis of the corresponding Tibetan translation or parallel passages in other texts, these have been enclosed in square brackets ([ ]).

Redundant glyphs in the restored text have been enclosed in braces ({ }). For example, "mahāvajra{sa}mayasattvai[r]" means that if we remove "sa" from the passage restored from the phonetic transcription of the Chinese version, it matches the corresponding Tibetan translation "sems dpa' rdo rje che raṅ bźin/."

"{m}anupālaya" means that in the Chinese phonetic transcription the final consonant "m" of the preceding "samayam" is reflected at the start of the next word.

Recently, it was found that the Kanjur of the Phug brag manuscript[5] contains several phonetic transcriptions not included in other woodblock editions. However, these phonetic transcriptions are problematic and very difficult to restore to the original Sanskrit. Therefore, they have not been included in this book.

As for the Chinese translation, I have used the Taisho edition (vol. 8) and added the page, register, and line number. "漢訳(欠)" means that the corresponding passage is not found in the Chinese translation. However, in the case of the "Mahāsukhavajraguhya," the corresponding Chinese passage is not mentioned except for the verse from the *Puxian yuga gui* 普賢瑜伽軌 (see below).

Especially in the Chinese translation of the "Mantra-khaṇḍa" of the

5 Jampa Samten 1992, No. 477.

Paramādya-tantra, there are many phonetic transcriptions of verses, *stotra*s, and *vajra-gīti*s. If we compare them with the Tibetan translation, the original Sanskrit text of many of them can be restored.

In 1984, I published an article titled "On a Mantra from the *Subāhuparipṛcchā* Quoted in the *Vajrodaya*" (JAIBS 32-2) and restored the mantra of offerings given in the *Subāhuparipṛcchā*, mainly on the basis of the phonetic transcription in Chinese characters found in Fatian's translation (T. 896). In 1986, Moriguchi Mitsutoshi identified the corresponding Sanskrit original in the *Kriyāsamuccaya*, *Sarvadurgatipariśodhana-tantra*, etc., and it turned out that my restoration of the Sanskrit had been almost exactly correct except for missing *visarga*s (ḥ) and so on. Subsequently, when restoring a text the Sanskrit original of which has been lost, I have frequently referred to phonetic transcriptions in Chinese characters. On this occasion, making use of this experience, I have undertaken the largest restoration of a Sanskrit original text up until now.

It may be noted that with regard to the method of phonetic transcription employed in Chinese translations from the mid-Tang to the Northen Song and the use of Chinese characters devised for the phonetic transcription of Sanskrit, I read a paper titled "Chinese Characters Devised for the Phonetic Transcription of Sanskrit Mantras and Verses Found in Translations of Tantras from the Northern Song and Liao Dynasties" at the 3rd International Conference of Chinese Esoteric Buddhism held in Jianchuan 剣川 in Yunnan, China, in 2016. For details, reference may be made to this paper.

Vol. 20 of the Taisho canon includes the *Dale jingangsaduo xiuxing chengjiu yigui* 大樂金剛薩埵修行成就儀軌 (T. 1119: 大樂軌) and the *Jingangding shengchu yugajing zhong luechu dale jingangsaduo niansong yi* 金剛頂勝初瑜伽經中略出大樂金剛薩埵念誦儀（T. 1120: 勝初瑜伽軌）, both extracted from the eighth assembly of the *Vajraśekhara-sūtra*, and the *Jingangding puxian yuga dajiaowangjing dale bukong jingangsaduo yiqie shifang chengjiu yi* 金剛頂普賢瑜伽大教王經大樂不空金剛薩埵一切時方成就儀（T. 1121: 普賢瑜伽軌）extracted from the seventh assembly of the *Vajraśekhara-sūtra.* These texts also include phonetic transcriptions of verses, *stotra*s, and *vajra-gīti*s of the *Paramādya*, and I have referred to them, too, as necessary.[6]

This volume should provide some new information for overseas readers interested in esoteric Buddhism and will, I hope, contribute to the texual study of this lesser-known scripture outside Japan.

6 In the text, (理) signifies a phonetic transcription in the *Paramādya-tantra*, (大) a phonetic transcription in T. 1119, (勝) a phonetic transcription in T. 1120, and (普) a phonetic transcription in T. 1121.

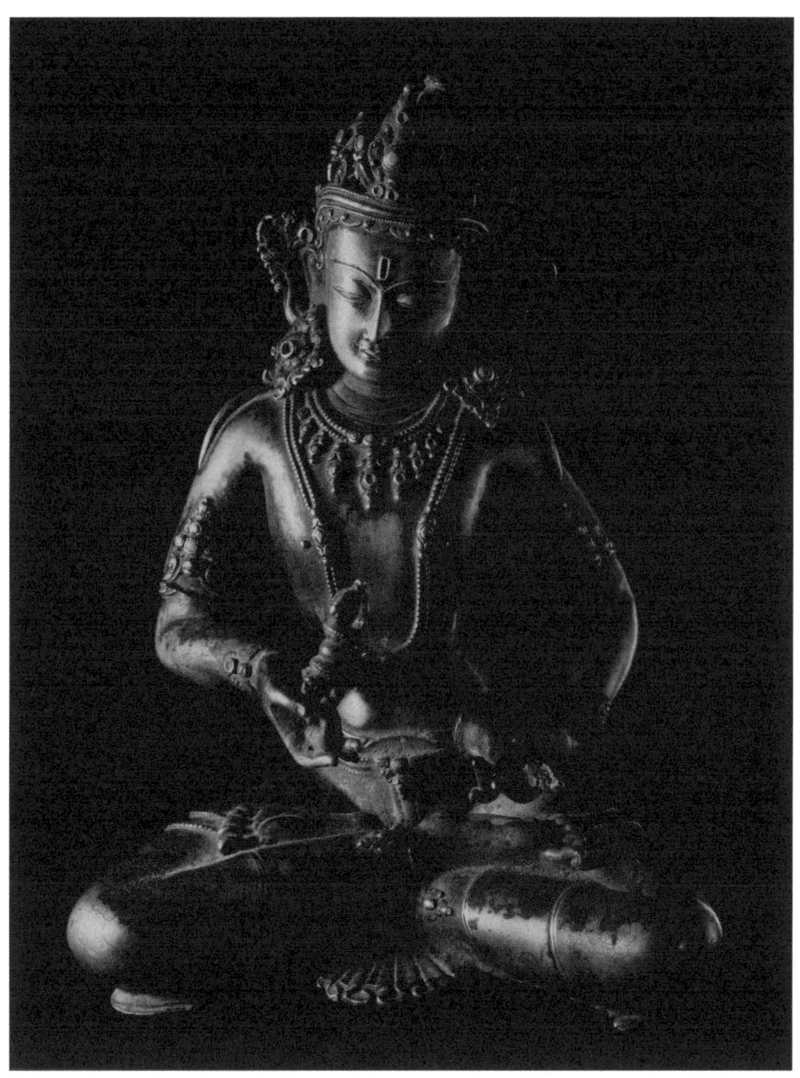

金剛薩埵（©藤田弘基アーカイブス）

Vajrasattva（©Fujita Hiroki Archives）

Restored Sanskrit Text

大楽金剛秘密(Mahāsukhavajraguhya)

Paramādya(135-1-4)

thog mtha' med pa'i sems dpa' ni/	anādinidhanaḥ sattvo
rdo rje sems dpa' bde ba che/	vajrasattvo mahārataḥ/
kun tu bzaṅ po khyod yin te/	samantabhadra sarvātmā(=tvam asi)
rdo rje sñems bdag khyab bdag yin//	vajragarvā patiḥ patiḥ//

(*Viṃśatividhi, Vajrāvalī* 29.1)

Paramādya(135-2-5～2-6)

'dod chags bral ba lta bu yi/	virāgasadṛśam pāpam
sdug bsṅal gźan ni raṅ bźin med/	anyaṃ nāsti tridhātuke(=svabhāvataḥ)/
de bas sems can chags bral la(L:lo)/	tasmāt kāmavirāgitvaṃ
slar yaṅ yid ni ma byed cig//	na kāryaṃ bhavatā punaḥ//

(STTS §608, *Vajrāvalī* 43.1)

Paramādya(135-4-2)

des na bsgrub 'di bśad bya ste/	athāsya sādhanaṃ vakṣye
dṅos grub śin tu rtag pa yin/	siddhim atyantaśāśvatīm/
gaṅ gis srid pa 'di ñid du/	yenāpnoti bhavehaiva
śin tu rtag pa'i dṅos grub thob//	siddhim atyantaśāśvatīm//

(*Sarvabuddhasamāyoga* 5-24)

Paramādya(137-2-6)

rdo rje sems dpa' bsdus pa yis/	vajrasattvasaṅgrahād
rdo rje rin chen bla na med/	vajraratnam anuttaram/
rdo rje chos ni glu(L:glur) blaṅs pas/	vajradharmagāyanaiś ca/
rdo rje las ni byed par 'gyur//	vajrakarmakaro bhava//

(STTS §314)

Paramādya(139-2-5∼3-1)

de naṅ(L:nas) rdo rje chen po yis/	
ri rab ri yi rtse mo ni/	
rdo rje rin chen 'od gsal bas/	divyaratnaprabhodyota
dri med bzi brjid mdzes pa la/	bhūṣitāmalatejasi//
zur bźi pa la sgo bźi pa/	caturasre caturdvāre
sgo khyud kyis ni rnam par mdzes/	niryūhapratimaṇḍite/
kha khyer rnams la gnas pa yi/	vedikāsu parikṣipta
rdo rje lha mo'i tshogs kyis mchod/	vajrāpsaragaṇārcite//
zla ba phyed la gnas pa yi/	ardhacandrapratiṣṭhāna-
rdo rje rin chen rnams kyis mdzes/	vajraratnakarojjvale/
rluṅ gis bskyod pa'i dar bzaṅs kyi/	mārutoddhūtaviśvāgra
ba dan dril bu'i sgra sgrogs pa/	patākā ghaṇṭanādito//
dra ba me loṅ me tog gi/	hārādarśamahāpuṣpa-
phreṅ ba chen po btags pas brgyan/	sragḍāmābharaṇābhṛte/
bde ba chen po rdo rje che/	
rdo rje kun gyis mṅon 'dus byas/	
rdo rje sems dpa' gnas chen po/	

sańs rgyas kun gyis ńes brtan(L:rjes bsten) pa/
byań chub sems dpa'i gnas pa mchog/
rdo rje 'chań ba kun gyis(L:gyi) gnas/
bde ba chen po rdo rje che/
nor bu che mchog ces bya ba/

rdo rje chen po'i khań pa na/	mahāsukha(=vajra)vimāne tu
bde ba chen po bźugs pa yin/	vijahāra mahāsukha[ḥ]//

(*Trisamayarājatantra-ṭīkā*)

Paramādya(139-3-1～3-5)

thog mtha' med pa'i sems dpa' ni/	anādinidhanaḥ sattvo
rdo rje sems dpa' dga' ba che/	vajrasattvo mahārataḥ/
kun tu bzań po kun bdag ñid/	samantabhadra sarvātmā
rdo rje sñems tshul bdag po'i bdag//	vajragarvā patiḥ patiḥ//

(*Viṃśatividhi*, *Vajrāvalī* 29.1)

sems can kun gyi sems gań yin/	yac cittaṃ sarvasattvānāṃ
brtan phyir sems dpar bśad pa yin/	dṛḍhatvāt sattva ucyate/
mñam par gźag pas tiń 'dzin te/	samādhānād vajrasamo(=samādhis tu)
ńes pa'i phyir ni rdo rjer 'gyur//	niścayair yāti vajratām//

sems dpa'i byin rlabs sbyor ba yis/	sattvādhiṣṭhānayogena
slar yań rdo rje sems dpar 'gyur/	vajrasattvaḥ punar bhavet/

(STTS §2531～§2532ab)

de ñid rtag pa bcom ldan 'das/

byaṅ chub spyod pa'i rjes 'gro yin//

raṅ sems so sor rtogs stsogs(L:sogs) na/	svacittaprativedhādi
saṅs rgyas byaṅ chub cho ga bźin/	buddhabodhir yathāvidhiḥ/
(STTS §2533ab)	
bdud ni saṅs rgyas rdo rje che(L:can)/	
rdo rje 'chang chen de ñid yin//	
de ñid de bźin gśegs pa'i rigs/	tathāgatakulaṃ saiva
de ñid rdo rje rigs chen po/	saiva vajrakulaṃ smṛtam(=mahat)/
de ñid padma'i rigs dag pa/	saiva padmakulaṃ śuddhaṃ
de ñid nor bu'i rigs dam pa//	saivoktaṃ maṇisatkulam//
(STTS §2535)	
de ñid chags daṅ chags bral ba'i/	saiva rāgo virāgaś ca
'dod daṅ thar pa de ñid yin/	kāmamokṣa bhavaty api/
dus gsum srid gsum mchog gsum daṅ/	trikālas tribhavas tryagras
'jig rten gsum daṅ khams gsum pa//	trilokas tu tridhātukaḥ//
(*Sarvabuddhasamāyoga* 1-14)	

Paramādya(139-5-5～5-6)

『普賢瑜伽軌』523a5-8

thams cad rjes su chags pa bde ba dam pa'i thugs/

薩嚩努邏誐　蘇佉薩怛莽　曩婆(=娑)	sarvānurāgasukhasatmanasa/

rdo rje sems dpa' khyod ni rab tu byuṅ ba yin/

恒鑁嚩曰囉　薩埵跛囉麼　索囉跢　　tvaṃ vajrasattva paramasurata/

rab tu dga' ba 'gro ba kun gyi bde chen po/

婆嚩銘磨訶　蘇佉爾哩住　縒囉也那　　bhava me mahāsukhadṛḍhocchrayada/

brtan mtho de riṅ bdag la myur grub mṅon phyogs mdzod//

鉢囉底幡馳　悉地者攞具　鉢囉拏多　　pratipadya siddhya ca laghu praṇata//

Paramādya(141-1-6)

sñems(L:bsñems) bcas rdo rje gsor nas ni/	sagarvaṃ vajram ullālya
rdo rje sñems(L:bsñems) pa yaṅ dag 'chaṅ/	vajragarvaṃ samudvahan/
sku gsuṅ thugs kyi rdo rje yis/	kāyavākcittavajrais tu
rdo rje sems dpa' raṅ ñid 'gyur/	vajrasattvaḥ svayaṃ bhavet//
(STTS §252)	

Paramādya(143-4-3～4)

	mahāsukhavajraguhye kalparāje
rnam rtog med pa'i tiṅ 'dzin las/	avikalpāt samādhis tu
sems can don ni yoṅs su brtag/	sattvārthaparikalpanāt/
des na rtog par bśad pa ste/	tena kalpaḥ samākhyāta[ḥ]
rtog pa yoṅs su dag phyir ro/	kalpanā pariśuddhayā//
(*Āmnāyamañjarī* I-iv)	

Paramādya(144-1-1～144-1-2)

de bźin gśegs pa'i rigs de ñid/	tathāgatakulaṃ saiva
de ñid rdo rje'i rigs chen po/	saiva vajrakulaṃ smṛtam(=mahat)/
de ñid padma'i rigs dag pa/	saiva padmakulaṃ śuddhaṃ
de ñid nor bu'i rigs mchog bśad/	saivoktaṃ maṇisatkulam//

(STTS §2535)

Paramādya(145-5-6～145-5-7)

sems can don du rgyal ba las dag phyir/

sattvārthahetor na ca karmaśuddher

rnam par sbyaṅ bar mdzad pa 'di yin(=min) te/

jināḥ prakurvanti viśodhanāni/

rtog pa 'di ni bgegs med bdud rnams med/

na vighnam atrāsti na caiva mārāḥ

dṅos grub 'phel med min pa(L:par) byin gyis brlabs//

kalpe na cāsiddhir avṛddhyadhiṣṭhitā//

bdud daṅ brtan med ñid ni bdag mi byed/

na māratāṃ yāmi na cādṛḍhatvaṃ

brtan pa ñid phyir 'dul bar ṅa mi byed/

dṛḍhatvahetor na ca śāsayāni/

rtog pa chen po'i mchog ni gaṅ bsgrub pa/

dṛḍhībhavāmy āśu varāgrabodhaye

myur du dṅos grub mchog phyin(L:phyir) bdag brtan(=bstan) 'gyur//

yaḥ sādhayen māṃ svasukhair na duḥkhair//

(*Viṃśatividhi=Sarvabuddhasamāyoga* 10-17)[1]

15. 大楽金剛不空三昧大明印相成就儀軌分

Paramādya(146-1-4～1-8)

『理趣広経』798a4-798a15

此大安樂天　是聖曼拏羅

安住若虛空　金剛寶常照

嚴淨而無垢　四方與四門

具四禰踰賀　尾提殊妙相

諸天等恭敬　微妙寶莊嚴

具足半月相　金剛普照耀

懸種種寶鈴　珠纓與明鏡

光照無窮盡　種種妙花鬘

幢幡幷傘蓋　大樂金剛等

諸菩薩稱讚　是諸佛境界

金剛衆所居　號摩尼勝寶

1 These two *triṣṭubh*s occur not only in the *Paramādya-tantra* twice but also in the *Sarvabuddhasamāyoga-tantra* and the *Viṃśatividhi*. At present, the Sanskrit original is available only in two Sanskrit manuscripts of the *Viṃśatividhi*. However, the Tibetan translations of these texts translate them differently, sometimes in a way that is the opposite of the intended meaning. Here I have shown the most probable readings semantically and metrically.

於此寶宮中　大樂而安住

de nas(P:naṅ) thog ma’i gnas ñams dga’/	athādyabhuvane ramye
nam mkha’ kun la rab tu gnas/	sarvākāśapratiṣṭhite/
rin chen ’od mdzes rab tu gsal/	divyaratnaprabhodyota-
dri ma med pa’i mdaṅs kyis brgyan//	bhūṣitāmalatejasi//
zur bźi pa la sgo bźi pa/	caturasre caturdvāre
sgo khyud rnams kyis rab tu brgyan/	niryūhapratimaṇḍite/
kha khyer gyis ni yoṅs su bskor/	vedikāsu parikṣipta-
rdo rje lha mo’i tshogs kyis mchod//	vajrāpsaragaṇārcite//
zla ba phyed ni rab tu gnas/	ardhacandrapratiṣṭhāna-
rdo rje rin chen ’bar byed pa/	vajraratnakarojjvale/
rluṅ gis bskyod pa’i rtse mo mchog/	mārutoddhūtaviśvāgra-
dar ’phan dril bu sgra sgrogs pa//	patākā ghaṇṭanādito//
dra ba me loṅ tog me tog(L:loṅ)/	hārādarśamahāpuṣpa-
me tog chun po’i rgyan gyis bskor/	sragḍāmābharaṇābhṛte/
bde ba chen po rdo rje che/	
rdo rje kun gyis legs sbyar ba//	
rdo rje sems dpa’i bźugs gnas che/	
saṅs rgyas kun gyis rjes brten(L:bsten) pa/	
byaṅ chub sems dpa’i gnas kyi mchog/	
rdo rje ’dzin pa kun gyi gnas//	

bde ba chen po rdo rje chen/	
rdo rje rin chen mchog bya ba'i(L:ces bya)	
rdo rje 'chaṅ chen bźugs nas(=gnas) ni/	mahāsukha(=vajra)vimāne tu
bde ba chen po rnam par bźugs//	vijahāra mahāsukha[ḥ]//

(*Trisamayarājatantra-ṭīkā*)

Paramādya(146-1-8～2-4; 148-2-1)

『理趣広経』798a16-798a27

薩埵性清淨　是金剛大樂

即是普賢身　金剛手大主

thog mtha' med pa'i sems dpa' ni/	anādinidhanaḥ sattvo
rdo rje sems dpa' dga' ba chen(L:che)/	vajrasattvo mahārataḥ/
kun tu bzaṅ po kun bdag ñid/	samantabhadra sarvātmā
rdo rje sñems tshul bdag po'i bdag//	vajragarvā patiḥ patiḥ//

(*Viṃśatividhi, Vajrāvalī* 29.1)

常住三摩時　決定金剛性

如是衆方便　勤行菩薩道

爲利衆生故　號金剛薩埵

sems can kun gyi sems gaṅ ni/	yac cittaṃ sarvasattvānāṃ
brtan(P:bstan) pa'i phyir ni dpa' źes bya/	dṛḍhatvāt sattva ucyate/
brtan(P:bstan) par bźag pas tiṅ 'dzin te/	samādhānād vajrasamo(=samādhis tu)
ṅes pa las ni rdo rjer 'gyur//[2]	niścayair yāti vajratām//

2 L: 148b6～7.

sems dpar byin rlabs sbyor ba yis/
rdo rje sems dpar ñid du ’gyur/
(STTS §2531～§2532ab)

sattvādhiṣṭhānayogena
vajrasattvaḥ punar bhavet/

de ñid bcom ldan sna tshogs pa/
byaṅ chub spyod pa’i rjes mthun pa//

亦名降魔主　亦名一切智
是金剛賛搴　亦名金剛手

bdud daṅ bdud las rgyal ba ñid/
byaṅ chub saṅs rgyas de ñid do/
rdo rje drag po mthar byed ñid/
phyag na rdo rje ñid kyaṅ de//

亦名如來部　亦名金剛部
蓮花及寶部　大樂羯磨部

de bźin gśegs pa’i rigs de ñid/
de ñid rdo rje rigs chen po/
de ñid padma’i rigs dag pa/
de ñid nor bu’i rigs bzaṅ bśad//
(STTS §2535)

tathāgatakulaṃ saiva
saiva vajrakulaṃ smṛtam/
saiva padmakulaṃ śuddhaṃ
saivoktaṃ maṇisatkulam//

亦名諸解脱　了三時無礙
亦號三有尊　亦爲勝三世
三界中最勝　一切處爲最

de ñid ’dod chags bral ba ñid/	saiva rāgo virāgaś ca
’dod daṅ ’grol ba de ñid de/	kāmamokṣa bhavaty api/
dus gsum srid gsum mchog gsum ste/	trikālas tribhavas tryagras
’jig rten gsum mchog khams gsum pa//	trilokas tu tridhātukaḥ//

(*Sarvabuddhasamāyoga* 1-14)

Paramādya(146-3-6～3-7; 148-2-5～2-6)

『理趣広経』798c5-6.

菩薩無數劫　常處輪廻中

爲利益衆生　令證寂静地

ci srid ’khor ba’i gnas su ni/	yāvad bhavādhiṣṭhāne ’tra
mkhas mchog ’dug par gyur pa’i tshe/	bhavanti varasūrayaḥ/
ci srid mtshuṅs med sems can don/	tāvat sattvārtham atulaṃ
mya ṅan mi ’da’ byed par nus//	śākyā kartum anirvṛtāḥ//

(*Nayasūtra*)

Paramādya(146-5-2～5-5)

『理趣広経』799a14-799a17.

四門四念處　樓閣四禪定

尾提爲定門　金剛柱總持

所有衆寶飾　表圓滿諸願

羯磨杵表示　諸佛之律儀

寶鈴幢幡蓋　爲諸妙法藏

明鏡大圓智　妙華七覺支

珠瓔及華鬘

mi mñan med pas(P:pa) zur bźi pa/	
dran daṅ dbaṅ po sgo bźi ste//[3]	caturdvāraṃ smṛtīndriyaiḥ//
(*450vidhi* 334)	
bsam gtan rnams kyis(L:kyi) rta babs bźi/	prathamādicaturdhyānaiś
	catustoraṇavad bhavet/
	śūraṅgamakhagañjādi
tiṅ 'dzin 'khyams su bśad pa yin/	samādhir vedikāḥ smṛtāḥ//
(*450vidhi* 335)	
khyams la brten(P:rten) pa'i rdo rje'i bdag/	
gzugs rnams lha mos mchod pa 'o//[4]	
	vedyāṃ pūjākaravyagra
	granthādidhāriṇīcayam/
rgyan rnams kun gyis bkra ba ni/	yac citrābharaṇaṃ tasmāt
bsam pa thams cad rdzogs byed pa'o//	sarvāśāparipūraṇam//
(*450vidhi* 336)	
gdul pas bskyod pa'i sna tshogs mchog/	vinayoddhūtasaddharma-
dam chos mchog ste kun du 'gro/	navāṅgaravasarvagaṃ/
rluṅ gis bskyod pa sna tshogs pa'i/	mārutoddhūtaviśvāgra

3 L: 187a4.

4 L: 187a4～5.

ba dan rtser btags dril sgra sgrogs//	patākāghaṇṭānāditaṃ//
(*450vidhi* 337)	

me loṅ ye śes rtag me tog/	jñāneṣv ādarśabodhyaṅgaiḥ
byaṅ chub yan lag me tog phreṅ/	sarvadikṣu prabhāsvaraiḥ/
dra ba me loṅ me tog che/	hārārdhahāracandrārkā-
me tog phreṅ ba'i rgyan gyis bskor//	darśasrakcāmarojjvalaṃ//
(*450vidhi* 338)	

Paramādya(146-5-6～5-7)

『理趣広経』799a21-799a23.

復外曼拏羅　内分八尊位
表其八解脱　發起菩提心
轉此最勝輪　善施諸成就

de'i naṅ gi 'khor lo ni/	tasya madhye tu yac cakram
dkyil 'khor brgyad pa lta bu yin/	aṣṭamaṇḍalakopamam/
'di ni rnam thar brgyad po ste/	vimokṣāṣṭakam etad dhi
dṅos grub kun gyi bde ba ster//	sarvasiddhiprasādhakam//
(*Viṃśatividhi* 12-41, *Kriyāsamuccaya*)	

Paramādya(147-2-1～147-2-3)

『理趣広経』799c22-800a2

『大楽軌』510a10-510a21

『勝初瑜伽軌』514c28-516a26

Hūṃ mahāsukhavadzrasatva/ yahiśaghum/

(理)吽引摩賀引穌玽嚩日囉二合薩埵引野引呬引尸竭囉二合一句

Hūṃ mahāsukhavajrasattvāyāhī(sic) śīghra/

(大)系一摩訶素上佉嚩日囉二合薩怛嚩二合摩呬二試仡𠸪三合三

He mahāsukhavajrasattvam ā[yā]hi śīghraṃ/

(勝)系一摩訶素上佉嚩日囉二合薩怛嚩二合引夜呬二試仡𠸪三合三

He mahāsukhavajrasattvāyāhi śīghraṃ/

mahāsukhavadzra-amoghaya/

(理)摩賀引穌玽嚩日囉二合阿目伽三摩野二句 mahāsukhavajra-amoghasamayam/

(大)摩訶引素上佉嚩日囉二合引目佉三昧耶四 mahāsukhavajrāmoghasamayam/

(勝)摩訶引素上佉嚩日囉二合目佉三昧耶四 mahāsukhavajramoghasamayam/

anubālaya/

(理)摩耨播引攞野三句 {m}anupālaya/

(大・勝)摩弩播攞野五 {m}anupālaya/

prabuddha

(理)鉢囉二合沒馳鉢囉二合沒馳四句 prabudhya prabudhya/

(大)鉢囉二合畝馱野二合鉢囉二合畝馱野二合六 prabudhya prabudhya/

(勝)鉢囉二合畝鞁二合畝鞁六 prabudhya budhya/

surata te suratas tvaṃ/

(理)穌囉多薩怛鑁三合五句

(大)素上囉多薩怛嚩三合七

(勝)素上囉多薩怛梵三合七

manuragto me bhava/

(理)阿耨囉訖都二合引彌引婆嚩六句	anurakto me bhava/
(大)摩弩囉訖覩二合茗婆嚩八	{m}anurakto me bhava/
(勝)摩拏囉訖覩二合茗婆嚩八	{m}anurakto me bhava/

sugatoṣyo me bhava/

(理)穌都輸引彌引婆嚩七句	sutoṣyo me bhava/
(大・勝)素上覩瑟庾二合茗婆嚩九	sutoṣyo me bhava/

dridho me bhava/

(理)欠	
(大・勝)素上地哩二合住茗婆嚩十	sudṛḍho me bhava/

suboṣyo me bhava/

(理)穌補輸引彌引婆嚩八句	supoṣyo me bhava/
(大・勝)素上報瑟庾二合茗婆嚩二合十一	supoṣyo me bhava/

bhagavān nanadinasatva/

(理)那那引儞禰達那薩埵九句	{n}anādinidhanasattva/
(大)婆伽梵十二曩曩引地儞寧頁駄諾薩怛嚩二合十三	bhagavann anādinidhanasattva/
(勝)婆伽梵十二曩曩引儞寧頁駄諾薩怛嚩二合十三	bhagavann anādinidhanasattva/

sarvasiddhi me praya/ cha eṣe ta

(理)薩哩嚩二合悉提彌引鉢囉二合野蹉莎十句	sarvasiddhi me prayacchasva/

(大・勝)薩嚩悉地茗十四鉢囉二合野車翳沙怛嚩二合引十五

sarvasiddhi me prayaccha eṣa tvā/

ma tri śa ave śya

(理)薩埵摩引訖里二合設鉢囉二合吠引舍十一句　　sattvam ākṛṣya praveśa/

(大)曩訖哩二合使野二合鉢囉二合吠地(sic)十六　　{n}ākṛṣya praveśa/

(勝)曩訖哩二合使野二合鉢羅二合吠奢十六　　{n}ākṛṣya praveśa/

samayer baddha/ vaśīkiromi/

(理)三摩曳哩嚩二合特嚩二合引嚩尸引葛嚕彌十二句　　samayair baddhvā vaśīkaromi/

(大)三昧裔囉摩二合馱嚩二合引十七嚩試迦嚕弭十八　　samayair baddhvā vaśīkaromi/

(勝)三昧裔囉嚩二合馱縛二合引十七嚩試迦嚕弭十八　　samayair baddhvā vaśīkaromi/

yimer mutrapade/

(理)壹味哩母二合捺囉二合鉢乃十三句　　imer? mudrāpadaiḥ/

(大)味囉畝二合娜囉二合十九滿怛囉二合跛乃二十　　mer? mudrāmantrapadaiḥ/

(勝)味畝娜囉二合引十九滿怛囉二合二十跛乃二十一　　me mudrāmantrapadaiḥ/

Dza Hūṃ Vaṃ Ho/

(理)嚩吽引鑁引呼引十四句　　Jaḥ Hūṃ Vaṃ Hoḥ/

(大)弱二十一餅二十二鋡二十三斛二十四　　Jaḥ Hūṃ Vaṃ Hoḥ/

(勝)弱餅二十二鋡二十三斛二十四　　Jaḥ Hūṃ Vaṃ Hoḥ/

Paramādya(147-3-2～3-3)

『理趣広経』800b8-800b9;

『大楽軌』511b17-511b19;

『勝初瑜伽軌』517b10-517b17

’dod chags chen po bde ba che/ mahāsukhamahārāga

(理)大欲大樂法

(大)摩訶素上佉一摩訶羅引伽二

(勝)摩訶引素上佉一摩訶囉引伽二

rdo rje chen po nor che ba/ mahāvajra mahādhana/

(理)金剛妙聖財

(大)摩訶嚩日囉二合三摩訶馱那四

(勝)摩訶嚩日囉二合三摩訶馱那四

ye śes chen po las chen po/ mahājñāna mahākarma

(理)大智事業主

(大)摩訶枳孃二合那五摩訶羯磨六

(勝)摩訶孃那五摩訶羯摩六

de dag rdo rje sems grub brjod(=mdzod)//

(理)願成金剛手

(大)嚩日囉二合薩怛嚩二合引馱悉馱也冥七 vajrasattvādya siddhaya me//

(勝)嚩日囉二合薩怛嚩二合引馱悉馱冥七 vajrasattvādya siddha me//

Paramādya(147-3-4～4-6)

『理趣広経』800b12-c25

dpal mchog daṅ po sems dpa’ che/	paramādya mahāsattva
(理)波囉摩引䩭摩賀引薩埵一句	
(大・勝)跛囉摩䩭一摩訶薩怛嚩二合二	
dga’ ba chen po dga’ chen po/	mahārata mahārati/
(理)摩賀引囉多摩賀引囉底二句	
(大・勝)摩訶囉多三摩訶囉底四	
kun tu bzaṅ po kun bdag ñid/	samantabhadra sarvātma
(理)三滿多跛捺囉二合薩哩嚩二合引怛摩二合引三句	
(大・勝)娑滿多婆娜囉二合五薩嚩引怛摩二合六	
rdo rje sñems tshul bdag po’i bdag//1//	vajragarva pati[ḥ] pati[ḥ]//
(理)嚩日囉二合誐哩嚩二合引鉢帝鉢帝四句	
(大・勝)嚩日囉二合蘖磨七跛諦跛諦八	
sems daṅ sems dpa’i tiṅ ’dzin mchog/	
(理)喞多薩埵薩摩䩭屹囉也三合五句	citta sattvasamādhyagrya
(大・勝)質多薩怛嚩二合九娑磨䩭仡囉二合十	citta sattvasamādhyagra
rdo rje rdo rje mchog chen po/	
(理)嚩日囉二合嚩日囉二合摩賀馱囉六句	vajravajra mahādhara(=mahodāra)/
(大・勝)嚩日囉二合嚩日囉二合十一摩訶馱那十二	vajravajra mahādhana/

kun tu bzaṅ po'i spyod pa mchog/
(理)三滿多跋捺囉二合左哩野二合引屹囉野三合七句 samantabhadra caryāgrya
(大・勝)娑滿多婆娜囉二合十三折哩野引二合仡囉二合十四 samantabhadra caryāgra

bdud daṅ bdud ni rab 'joms pa//2// māra mārapramardaka//
(理)摩引囉摩引囉鉢囉二合摩哩捺二合哥八句
(大・勝)魔囉魔囉十五鉢羅二合末娜迦十六

thams cad thams cad byaṅ chub che/ sarvabodhi mahābuddha
(理)薩哩嚩二合冐地摩賀引沒馱九句
(大・勝)薩嚩菩提十七摩訶勃馱十八

saṅs rgyas saṅs rgyas skyes mchog skyes/
(理)沒馱引屹囉二合惹納摩二合惹十句 buddhāgra jaṃmajaḥ/
(大・勝)勃馱勃馱引仡囉二合十九惹摩惹二十 buddha buddhāgra jaṃmajaḥ/

rdo rje hūṃ mdzad yi ge hūṃ/
(理)嚩日囉二合吽哥引囉吽哥引囉十一句 vajrahūṃkāra hūṃkāra
(大)嚩日囉二合吽短聲迦引囉二十一吽短迦囉二十二 vajrahuṃkāra huṃkāra
(勝)嚩日囉二合吽短迦引囉二十一吽短迦囉二十二 vajrahuṃkāra huṃkāra

'jig rten dbaṅ phyug nor rab gsal//3// lokeśvara maṇiprada//
(理)路吉説囉摩尼鉢囉二合捺十二句
(大・勝)路計濕嚩二合囉二十三摩尼鉢囉二合娜二十四

'dod chags chen po bde ba ñid/

(理)摩賀引囉引誐摩賀引騷契十三句　　mahārāga mahāsaukhye

(大・勝)摩訶囉引伽二十五摩訶掃佉野二合二十六　　mahārāga mahāsaukhya

'dod daṅ thar pa nor che ba/　　kāmamokṣa mahādhana/

(理)哥引摩目叉摩賀引馱那十四句

(大)迦引摩目佶叉二合二十七摩訶馱耶(sic)二十八

(勝)迦摩目佉叉二合二十七摩訶馱那二十八

dus gsum srid gsum mchog gsum daṅ/

(理)帝哩二合哥引羅帝哩二合跋嚩斯爹囉三合屹囉野三合十五句

trikālatribhavas tryagryas

(大・勝)怛哩二合迦引攞二十九悉怛哩三合婆嚩三十悉怛哩野四合仡囉野三合三十一

trikālas tribhavas tryagryas

'jig rten gsum mchog khams gsum pa//4//

(理)厮怛哩三合路哥引屹囉野三合厮怛哩馱引覩哥十六句　　{s}trilokāgryas tridhātuka//

(大・勝)怛哩二合路迦引仡囉二合三十二怛哩二合馱引覩迦三十三　trilokāgra tridhātuka//

brtan par raṅ byuṅ gsal ba ste/

(理)塞他二合引嚩囉鉢囉二合跋鑁咩葛怛二合十七句　　sthāvaraprabhavaṃ vyaktaṃ

(大・勝)薩他引二合嚩囉三十四鉢囉二合婆嚩微野二合訖多二合三十五　sthāvaraprabhavavyakta

rab phra rtsom daṅ legs bsags pa/

(理)蘇速叉摩二合厮吐二合羅薩散摻野十八句　　susūkṣmasthūlasaṃcaya/

(大・勝)蘇上素佶叉摩三合三十六薩吐二合攞散者焔三十七 susūkṣmasthūlasaṃcayaṃ/

rgyu ba rab mchog thob mdzad pa/ jaṃgamapravaraprāpti

(理)穰誐摩鉢囉二合嚩囉鉢囉二合引補姤(sic)二合十九句

(大・勝)譲伽摩鉢囉二合嚩囉三十八鉢囉二合引跛諦二合

srid pa 'khor ba sbyoṅ mdzad pa//5//

(理)跋嚩散娑引囉戍馱哥二十句 bhavasaṃsāraśodhaka//

(大・勝)婆嚩三十九娑引伽囉戍馱那四十 bhavasāgaraśodhana//

thog mtha' med ciṅ thog mtha' can/

(理)阿那引禰儞馱那引艶多二十一句 anādinidhanādyata[ḥ]

(大・勝)婀那引地儞馱那引典多 anādinidhanātyanta

mda' ldan daṅ por thams cad gnas/ (=kāṇḍa) prāk sarvam āsthita/

(理)乾引多鉢囉二合引薩哩嚩二合僧悉體多二十二句 kānta prā[k] sarvasaṃsthita/

(大)建多四十一鉢囉迦三合迦半音薩嚩摩悉體二合多四十二 kanta prak sarvam āsthita/

(勝)建多四十一鉢囉引迦半音三合薩嚩摩悉體二合多入四十二 kanta prāk sarvam āsthitaḥ/

sñiṅ po phyag rgya sbyor dam tshig/

(理)屹哩二合母捺囉二合引蹫誐三摩野二十三句 hṛ[d]mudrā yogasamaya

(大)纈哩二合多畝娜囉二合四十三瑜伽三昧藥四十四 hṛtamudrā yogasamayaḥ

(勝)纈哩二合多畝二合娜囉二合四十三瑜伽三昧藥四十四 hṛdmudrā yogasamayaḥ

de ñid bden pa mchog pa ste//6// tattvasatyamahāmahaḥ//

(理)多埵薩爹摩賀引摩郝二十四句

(大)多怛嚩二合薩多野二合四十五摩訶摩郝四十六

(勝)多怛嚩二合薩多野二合四十五摩訶引摩郝四十六

de bźin gśegs pa'i dṅos grub che/

(理)怛他引誐多摩賀引悉地二十五句 tathāgata mahāsiddhi

(大)多他伽多四十七摩訶悉馱四十八 tathagata mahāsiddha

(勝)多他引伽多四十七摩訶引悉馱四十八 tathāgata mahāsiddha

chos daṅ las ni khams chen po/ dharmakarmamahābuddha(=bhūta)/

(理)達哩摩二合葛哩摩二合摩賀引沒馱二十六句

(大・勝)達摩羯磨四十九摩訶勃馱五十

dam pa'i chos te las mchog bdag/

(理)薩達哩摩二合薩葛哩摩二合拽(sic)他二十七句 saddharmasatkarmapatha(=pati)

(大・勝)娑達摩娑多羯二合摩跛他五十一 saddharmasatkarmabhattha

byaṅ chub sems ni rab sbyoṅ mdzad//7//

(理)冒地喞多蘇冒達葛二十八句 bodhicitta subodhakaḥ//

(大)菩提質多五十二素上慕馱迦五十三 bodhicitta subodhaka//

(勝)菩提質多五十二素慕上馱迦五十三 bodhicitta subodhaka//

rdo rje khro bo khro bo che/ vajrakrodha mahākrodha

(理)嚩日囉骨嚕二合馱摩賀引骨嚕一合馱二十九句

(大・勝)嚩日囉二合矩嚕二合馱五十四摩訶矩嚕二合馱五十五

Tibetan / Chinese	Sanskrit
dus mtha' ltar 'bar 'dul pa po/	jvālāpralayadāmakaḥ/
(理)入嚩二合引羅引鉢囉二合羅野捺引摩葛三十句	
(大・勝)入嚩二合邏鉢囉二合攞野那摩脚五十六	
'dul mdzad chen po gdug pa'i mchog/	mahāvinaya duṣṭāgra
(理)摩賀引尾那野耨瑟吒二合引屹囉二合三十一	
(大・勝)摩訶微那野五十七駑瑟吒二合引仡囉二合五十八	
drag po drag ñid zad mdzad pa//8//	rudra raudra kṣayaṃkara//
(理)嚕捺囉二合勞捺囉二合叉煬葛囉三十二句	
(大・勝)嚕娜囉二合嘮娜囉二合五十九佶叉二合孕迦囉入六十	
thams cad dag pa pad ma che/	sarvaśuddhi mahāpadma
(理)薩哩嚩二合戍地摩賀引鉢訥摩二合三十三句	
(大)薩嚩戍地六十一摩訶跛娜摩二合六十二	
(勝)薩嚩戍地六十一摩訶引跋娜摩二合六十二	
śes rab thabs te tshul chen po/	prajñopāya mahānaya/
(理)鉢囉二合倪踰二合播野摩賀引那野三十四	
(大・勝)鉢囉二合仡乳二合播野六十三摩訶那野六十四	
'dod chags dag pa'i tiṅ 'dzin mchog/	
(理)囉引誐戍地薩摩引馳屹囉野三合三十五	rāgaśuddhisamādhyagrya
(大)囉引伽戍地六十五娑摩引馳仡囉二合六十六	rāgaśuddhisamādhyagra

(勝)囉伽戍地六十五娑摩馳仡囉二合六十六
ragaśuddhisamadhyagra

sna tshogs chags pa dbaṅ phyug che//9//
viśvarāga maheśvara//
(理)尾説囉引誐摩呬説羅三十六句
(大・勝)尾濕嚩二合囉引伽六十七摩醯濕嚩二合囉六十八

nam mkha' mtha' yas rtag pa'i don/
(理)阿引哥引舍難多儞怛踰二合吠三十七
ākāśānantanityo vai
(大・勝)阿去迦去舍難多野二合六十九儞覩吠七十
ākāśānantyanit[y]o vai

'byuṅ po thams cad gnas chen po/
(理)薩哩嚩二合普多摩賀引羅野三十八
sarvabhūtamahālaya/
(大・勝)薩嚩勃馱七十一摩訶攞野七十二
sarvabuddhamahālaya/

['byor ba thams cad gnas 'byor pa/]

dpal daṅ gtso bo rgyal po ste/
(理)尾普帝室哩二合哩尾二合覩(sic)囉引惹三十九
vibhūtiśrīr vibho rāja
(大)尾部底室唎二合七十三尾慕囉惹七十四上
vibhūtiśrī vibho rāja
(勝)尾部底室唎七十三二合尾慕囉惹引七十四上
vibhūtiśrī vibho rājā

bsam pa thams cad rdzogs mdzad pa//10//
sarvāśaparipūrakaḥ//
(理)薩哩嚩二合引舍鉢哩布囉葛四十
(大・勝)薩嚩引舍七十五跛哩布囉脚七十六

phyag ’tshal khyod la phyag ’tshal lo/ namas te ’stu namas te ’stu/
(理)那莫悉帝二合窣覩二合那莫悉帝二合窣覩二合四十一
(大・勝)曩麼悉諦二合悉覩二合七十七曩麼悉諦二合悉覩二合七十八

phyag ’tshal ’dud ciṅ phyag ’tshal lo/
(理)那謨那莫四十二句跋骨姤(sic)二合㰤怛網二合 namo namaḥ bhakto ’haṃ tvāṃ
(大・勝)曩麼悉諦二合悉覩二合七十九曩牟曩莫八十 namas te ’stu namo namaḥ/

dad pas khyed la bdag rten bgyid/
(理)鉢囉二合鉢韒引彌四十三 prapadyāmi
(大・勝)部仡覩二合悢怛梵二合八十一鉢囉二合跛𩎟引冥八十二
bhakto ’haṃ tvaṃ prapadyāmi

rdo rje sems dpar bdag grub mdzod//11//
(理)嚩日囉二合薩埵引韒悉䩞忙四十四句 vajrasattvādya siddhya māṃ//
(大・勝)嚩日囉二合薩怛嚩二合引𩎟八十三悉馱滿八十四 vajrasattvādya siddha māṃ//

gaṅ źig bstod pa’i rgyal po ’di/
(理)野伊忙窣覩二合怛囉二合囉引惹難四十五 ya imaṃ stotrarājanaṃ
(大・勝)若持此讃王

ñin re naṅ par brjod byed dam/
(理)鉢囉二合爹㰤鉢囉二合引鉢囉二合嚩哩多二合野四十六 pratyahaṃ prāpravartaya/
(大・勝)

chos kyi tshig gis lan cig brjod/

(理)達哩摩二合嚩引在薩訖里二合捺誐二合引難四十七句 dharmavācaiḥ sakṛdgānaṃ

(大・勝)金剛法語誦

dṅos grub śin tu myur bar 'gyur//12//

(理)悉地羅具多囉引跋尾引四十八 siddhi[r] laghutarābhavī//

(大・勝)所樂當成就　速疾無與倫

gal te 'dir grub mi 'dod na/

(理)阿體砌悉馱踰儞引那四十九句 atha cet siddhayone na

(大・勝)

daṅ po ñin re dus gsum du/

(理)鉢囉二合引怛哩二合散達煬二合禰儞禰儞五十句 prā[k] trisaṃdhyaṃ dine dine/

(大・勝)每日應及時

bstod na sdig pa las ṅes grol/

(理)窣覩二合捶引薩哩[嚩]囉二合引伽儞目訖多二合五十一句 stutvā sarvarāgani[r]mukta

(大・勝)稱已離諸罪

źiṅ dag pa ni grub par byed//13//

(理)戍馱叱怛哩二合數悉馳底五十二句 śuddhakṣetreṣu siddhyati//

(大・勝)常脱一切苦　淨土當現前

rtag tu sdug bsṅal thams cad sel/

(理)薩哩嚩二合耨珂喝囕儞怛煬二合五十三句   sarvaduḥkhaharaṃ nityaṃ

(大・勝)

lan cig rab tu brjod pa yis/

(理)薩訖哩二合捼引囉鉢囉二合嚩哩多二合那引五十四句   sakṛdvārapravartanā/

(大・勝)纔誦衆福圓

dṅos grub thams cad skal bzaṅ byed/

(理)薩哩嚩二合悉地數騷婆誐煬二合五十五   sarvasiddhiṣu saubhāgyaṃ

(大・勝)

phun sum tshogs dpal ’phel bar byed//14//

(理)室哩二合三鉢捺鼻嚩哩駄二合那五十六句   śrīsampad abhivardhana[ṃ]//

(大・勝)増吉祥明盛

Paramādya(147-4-7～4-8)

『理趣広経』801a5-801a10:

Hūṃ

嘚吽引鑁引呼引一句   Jaḥ Hūṃ Vaṃ Hoḥ/

mahasukhavajrasatva

摩賀引穌珂嚩日囉二合薩埵二句   mahāsukhavajrasattva/

abhiṣekeṇa Hri abhiṣiñcami/

阿鼻尸引計引拏埵引摩引鼻洗左引三句　abhiṣekeṇa tvām abhiśiñcā[mi]/

sarvavajra adhipatitvaṃ

薩哩嚩二合嚩日囉二合引地鉢底怛尾二合四句　sarvavajrādhipatitve

ḍiḍhomedhadha

捺哩二合除彌婆嚩悉馳五句　dṛḍho me bhava siddhya/

nāma maste bhagavan mahāvajradhara

那莫悉帝二合婆誐鑁摩賀引嚩日囉二合達囉六合　namas te bhagavaṃ mahāvajradhara/

suratastvaṃ/

酥囉多薩怛網三合七句　suratas tvaṃ/

mahāvajrasatva/

摩賀引嚩日囉二合薩埵八句　mahāvajrasattva/

Oṃ bhurbubasva/

唵普哩普二合嚩莎九句　Oṃ bhūr bhuva sva[ḥ]/

Paramādya(148-1-7～1-8)

漢訳（欠）

’di ni khyod kyi dmyal ba’i chu/　idaṃ te nārakaṃ vāri
dam tshig ’das na sreg par byed/　samayātikramaṇād dahet/
dam tshig bsruṅs na grub par ’gyur/　samayasaṃrakṣaṇāt siddhiḥ

dṅos grub rdo rje bdud rtsi chu// (*Viṃśatividhi* 12-24, *Vajrāvalī* 22.1.3)	piba vajrāmṛtodakam//

Paramādya(lacking)

『理趣広経』801b4-801b11

唵引薩哩嚩二合怛他引誐多一句	Oṃ sarvatathāgata
波囉摩摩賀引瑜誐二句	paramamahāyoga
冐地喞多母怛波二合捺夜引藐三句	bodhicittam utpādayāmi
阿尸引沙引那嚩尸引沙四句	aśeṣānavaśeṣa
薩哩嚩二合薩埵馱引覩五句	sarvasattvadhātu
鉢哩怛囉二合引拏醯多六句	paritrāṇahita
穌庫多摩悉地儞彌多七句	sukhottamasiddhinimitam
摩爹多婆引嚩三悉地八句	{m}atya[n]tabhāvasaṃsiddhi
摩哈室左二合哩也二合引地鉢帶也二合九句	mahaiścā(=śvā)ryādhipatya
野引嚩薩哩侮二合多摩摩賀引悉地十句	yāvat sarvottamamahāsiddhi

摩咍室左二合哩也二合引地鉢爹引野濟多野底十一句

mahaiścā(=śvā)ryādhiptyāya cetayati/

Paramādya(148-2-1)重出

漢訳（欠）

thog mtha' med pa'i sems dpa' ni/	anādinidhanaḥ satvo
rdo rje sems dpa' dga' ba che/	vajrasatvo mahārataḥ/
kun tu bzaṅ po kun bdag ñid/	samantabhadra sarvātmā
rdo rje sñems tshul bdag po'i bdag//	vajragarvā patiḥ patiḥ//

(*Viṃśatividhi, Vajrāvalī* 29.1)

Paramādya(148-2-2～2-5)

漢訳（欠）

srid pa ṅo bo ñid kyis dag/	svabhāvaśuddho hi bhavaḥ
ṅo bo ñid kyis srid bral byas/	svabhāvair vibhavīkṛtaḥ/
raṅ bźin dag pa'i sems dpa' mchog/	svabhāvaśuddhaiḥ satsattvaiḥ
srid pa mchog ni byed pa yin//	kriyate paramo bhavaḥ//

(*Vajrāvalī* 29.2)

srid pa'i bde ba śin tu chuṅ/
sdug bsṅal chen po dag bya'i phyir/
śin tu bde ba dam pa'i thabs/
dam tshig rtag tu bsten par bya/

'dod pa'i loṅs spyod thams cad ni/	sarvabhogopabhogaiś ca

ci 'dod par ni bsten bźin du/ sevyamānair yathāsukhaṃ/
raṅ gi lhag pa'i lhar sbyor bas/ svādhidaivatayogena
bdag daṅ gźan la mchod par bya// svam ātmānaṃ(=svaparāṃś ca) prapūjayet//
(GST Ⅶ-2, *Sarvabuddhasamāyoga* 2-22bc-23ab)

Paramādya(148-1-3)
『理趣広経』801c15-801c18
Oṃ mahāsukhavajra/ vajra abhiṣakanas(sic)
唵引薩哩嚩二合嚩日囉二合引地鉢底一句 Oṃ sarvavajrādhipati

tvam/ abhiśiñcami/
埵引摩鼻詵左引彌二句 tvām abhiśiñcāmi/

mahāvajradhara/
摩賀引嚩曰囉二合達囉三句 mahāvajradhara

he vajra nāma
嚩日囉二合那莫四句 vajranamaḥ

siddha namaḥ/
悉馳三摩野薩怛鑁三合五句 siddhya samayas tvaṃ

普哩普二合嚩莎六句 bhūr bhuvaḥ svaḥ/

16.一切如来金剛菩提大儀軌分

Paramādya(148-5-2)

『理趣広経』802c6-7

diḍhasutoṣya/

涅哩二合茶素引都引舍一句	dṛḍhasū(sic)toṣya/

sanaragta/ subosiddha talagu/

薩囉訖多二合蘇布引輸引彌引婆嚩二	suraktasupoṣyo me bhava/

Paramādya(150-2-6～2-7)

『理趣広経』804c4-804c13:

vajrasatva

嚩日囉二合薩埵一句	vajrasattva/

vajraradna/

嚩日囉二合囉怛那二合一句	vajraratna/

vajradharma/

嚩日囉二合達哩摩二合一合	vajradharma/

vajrakarma/

嚩日囉二合羯哩摩二合一句	vajrakarma/

de nas phyag rgya rnams te/

而於四隅位安四金剛寶用四大心明而彼心明曰

satvavajri

薩埵嚩日哩二合一句 sattvavajri/

vajraratne/

嚩日囉二合囉怛儞二合一句 vajraratne/

vajrapadmi/

嚩日囉二合鉢納彌二合儞一句 vajrapadmini/

viśavajri/

尾説嚩日哩二合一句 viśvavajri/

Paramādya(150-3-2)

『理趣広経』804c22-804c23

『勝初瑜伽軌』515b10-515b13

『普賢瑜伽軌』522c23-522c24

Oṃ Akaromukham sarvadharmaṇāṃ ādyānudpannatvad/

(理)唵阿哥引嚕引目亢一薩哩嚩二合達哩摩二合拏引一句阿引軜阿耨怛半二合那埵引二

Oṃ Akāromukhaṃ/ sarvadharmāṇāṃ/ ādyanutpannatvā[t]/

(勝)唵迦引嚕目欠一薩嚩達摩那磨娜語(sic)二合二弩多半二合曩怛嚩二合多多半音三

(普)誦唵迦路目　佉薩嚩達磨　拏摩爾努半　曩怛襪密語

Oṃkāromukhaṃ/ sarvadharmāṇāṃ/ ādyanutpannatvāt/

Paramādya(150-3-2)

『理趣広経』804c26

saṅs rgyas byaṅ chub rab sgrub phyir/ 'gro ba'i mgon la de ñid brjod/

惹誐那引他沒馱冐提蘇悉馱曳引一句 jagannātha buddhabodhisusiddaye/

17.大金剛火焰日輪儀軌分

Paramādya(151-2-6)

『理趣広経』806a12-806a13

Om utiṣṭha mahādhibtavajriṇi/

唵引母底瑟吒二合摩賀引禰鉢多二合嚩日哩二合尼引一句

Om uttiṣṭha mahādīptavajriṇī/

śīghram udthapaya Hūṃ/

尸引竭囉二合母他引鉢野吽引二 śīghram utthāpaya Hūṃ/

Paramādya(151-4-8～151-5-1)

『理趣広経』806c13-806c20

Oṃ mahāvajrajvalayānalārkayahi Ja

唵引摩賀引嚩日囉二合攞引那攞引哩哥二合夜引呬弱一句

Oṃ mahāvajra[jva]lānalārkāyāhi Jaḥ/

sarvavajrakula bravaśaya Hūṃ/

薩哩嚩二合嚩日囉二合酤攞引儞鉢囉二合吠引舍野吽引二

sarvavajrakulāni praveśaya Hūṃ/

sarvamutraṃ gaṇān bhandhana Trat

薩哩嚩二合母捺囉二合引誐赦鑁馱那怛囉二合吒半音三

sarvamudrāgaṇabandhana Traṭ/

sarvasamayaṃ sādhaya Phaṭ

薩哩嚩二合三摩焬引娑引達野摩吒半音四

sarvasamayāṃ sādhaya Maṭ/

sarvaduṣṭān daha paca bhasmikuru

薩哩嚩二合訥瑟啗二合引賀那捺郝鉢左跋悉銘二合骨嚕五

sarvaduṣṭān hana daha paca bhasmīkuru/

mahākrodha agnivajriṇa Hūṃ Phaṭ/

摩賀引骨嚕二合馱引屹儞二合嚩日哩二合引拏吽引發吒半音六

mahākrodhāgnivajrīṇa Hūṃ Phaṭ/

A A A A/

阿阿阿阿七　　A A A A/

18.**除諸業障一切智金剛儀軌分**

Paramādya(152-4-5～4-6)

『理趣広経』808a12-17

猶衆妙色蓮　自性無諸染

無染清淨故　不著諸煩惱

三界貪欲生　貪欲亦清淨
一切衆生類　當隨其所應
此三摩地門　得諸佛自在

ci ltar padma dmar po 'di/	yathā raktam idaṃ padmaṃ
tshon gyi ñes pas mi gos pa/	rāga(=raṅga)doṣair na lipyate/
gnas kyi ñes pa sna tshogs pa'i/	
khams gsum pa ni de bźin dag/	
'di la gzigs pa la sogs pas/	asyāvalokanād eva
rgyal ba rnams ni dbaṅ por 'gyur//	parameśvaratām jināḥ//

(*Sarvabuddhasamāyoga* 5-64)

Paramādya(152-5-6～152-5-8)
『理趣広経』808c1-808c13
Oṃ viśodhaya/ manusaniśuddha mahāsatva/ dhatu(sic)

唵引尾輸引達野戍提引一句薩埵馱引都引	Oṃ viśodhaya śuddhe/ sattvadhāto[ḥ]

samastva/ ragadisañcaye

薩哩嚩二合囉引誐引禰散左曳引二	sarvarāgādisañcaye

citame sarvadharmeśyavajranicitame sarvadharmaśajini/

唧旦彌引薩哩嚩二合達哩彌二合引數嚩日哩二合尼引三	citam me sarvadharmeṣu vajriṇī/

gzuṅs kyi phyag rgya gsan nas ni/
聞此大明已

dgyes par pad ma 'dzin pa grub/

觀自在歡喜所求諸成就皆悉得如意

de nas 'dzub mo lcags kyur bciṅ/

然後結鈎印

chos kyi tshig gis legs spyan draṅ/

誦此最上明

Oṃ sarvatathāgata avaloki[te]śvara padma hata/ ya

唵引薩哩嚩二合怛他引誐多引囉(sic)路吉帝引説囉一句鉢捺摩二合賀娑多二合引野二

Oṃ sarvatathāgatāvalokiteśvara/ padmahastāya/

hi śīghrame mā vajra mutra//

醯尸伽囉二合彌昧嚩日囉二合母捺囉二合引鉢乃三

hi śīghram ime vajramudrāpadair

agiśya sabe

囉引訖哩二合沙也二合鉢囉二合尾引設也二合四

ākṛṣya praveśya

samaye rabadha biśikemi/

三摩曳[薩]哩嚩二合馱引嚩尸葛嚕彌五

samaye sarvadā vaśīkaromi/

Ja Hūṃ Vaṃ Ho/

嗡吽鑁呼六

Jaḥ Hūṃ Vaṃ Hoḥ/

śodhaya sarvasādhaya ba mama/

輸駄野薩哩嚩二合薩達野七	śuddhaya sarvasādhaya/

mahāvajradharastoṃ/

鉢捺銘二合摩賀引嚩日囉二合達囉薩怛鑁三合八	padmaṃ mahāvajradharas tvaṃ/

19.円満一切願金剛宝儀軌分

Paramādya(153-4-3)

『理趣広経』809c5-809c7

Oṃ siddha bhūṃ dhu/

唵引悉馳部引一句	Oṃ siddhya bhū/

siddha bhuva/

悉馳部嚩二	siddhya bhuvaḥ/

siddha sva/

悉馳莎三	siddhya sva/

siddha mahāvajraratna/

悉馳摩賀引嚩日囉二合囉怛那二合四	siddhya mahāvajraratna/

Vā vā ṭa ṭa traṃ/

嚩左吒吒怛囕二合引五	Va ca ṭa ṭa trāṃ/

Paramādya(153-4-4)
『理趣広経』809c11-13.
Oṃ Bhūr āyahī Jā

唵引部引阿引夜引呬嚩一句	Oṃ Bhū āyāhi Jaḥ/

bhuva praviśa Hūṃ

部嚩鉢囉二合尾舍吽引二	bhuva praviśa Hūṃ/

Sā/ grihna Vaṃ

莎屹哩二合恨拏二合鍐三	Sva grihṇa Vaṃ/

va va ṭa ṭa siddha Ho Tre//

嚩嚩誐誐悉馱呼引怛囕二合引四	va va ga ga siddhya Hoḥ Trāṃ/

20.一切儀軌中最上成就儀軌分

Paramādya(154-1-4～1-5)
『理趣広経』810a13.
滅此三毒已　世間成甘露

'dod chags źe sdaṅ gti mug rnams/	rāgo dveṣaś ca mohaś ca
rtag tu rnam par gnas pa yin/	trayaṃ te viṣamaṃ gatāḥ/
mi mñam pa yis bsten gyur na/	viṣatvam upayānty eva
dug ñid du ni ñe bar 'gro/	viṣamatvena sevitāḥ/
bdud rtsi ñid kyis bsten gyur na/	amṛtatvaṃ punar ye ca
bdud rtsi ñid du'aṅ 'gyur ba yin//	amṛtatvena sevitāḥ//

(*Tattvasiddhi, Caryāmelāpakapradīpa*)

Paramādya(155-1-3～1-7)

『理趣広経』810c21-811a27:

Oṃ vajranārāyaṇa chinda pratihanavajracagtrena Ho/ bhagavān vajratathāgata/
Ja Hūṃ Vaṃ Ho vajradhara Taṃ/ vajratathāgata Hūṃ/

唵引嚩日囉二合那引囉引野拏親捺親捺一句阿鉢囉二合底賀多嚩日囉二合嚩訖哩二合拏呼引二婆誐鑁嚩日囉二合怛他引誐多嘚吽引鑁呼引三嚩日囉二合怛他引誐多吽引一句

Oṃ vajranārāyaṇa cinda cinda/ apratihatavajrava(=ca)kriṇa Hoḥ/ bhagavan vajratathāgata Jaḥ Hūṃ Vaṃ Hoḥ/ vajratathāgata Hūṃ//

vajrakrodhamahāyoginigaṇiśāra/ mahavajrakūlograbaṇe Ho/ bhagavān vajracaṇḍeśvarāya/ ha ha ha ha Hrīḥ

嚩日囉二合骨嚕二合駄摩賀引瑜引詣引儞引誐尼引說囉二摩賀引嚩日囉二合戍邏阿屹囉二合播引尼引呼引三婆誐鑁嚩日囉二合賛尼說囉阿四賀賀賀賀係引五

vajrakrodhamahāyoginīgaṇeśvara/ mahāvajraśūlāgrapāṇe Hoḥ/ bhagavan vajracaṇḍeśvara A/ ha ha ha ha he/

vajrapadmobhava Ho/ bhagavān vajralokiśvare mahābrame siddhya/ Oṃ bhur buba sva/ sasti nāma svāhā/

嚩日囉二合達囉紇哩二合引一句嚩日囉二合鉢訥摩二合引訥婆二合嚩呼引一婆誐嚩鑁日囉二合阿嚩路引吉帝引說囉摩賀引沒囉二合吽摩二合三悉馳唵引部哩部二合嚩莎四莎悉帝二合那莫莎賀引五

vajradhara Hrīḥ/ vajrapadmodbhava Hoḥ/ bhagavan vajrāvalokiteśvara mahābrahma/ siddhya Oṃ bhūr bhuva svaḥ/ svasti namaḥ svāhā/

he vajrakusumāyūdha/ sakama me sādhaya Ho/ bhagavān vajrākāśagarbha/ va va ta ta Tra/ vajra akagarbha aśeśaṃ mutra/

嚩日囉二合酤穌摩引欲馱一句薩哩嚩二合哥引摩引彌引娑引達野呼引(二)婆誐鑁嚩日囉二合阿哥引舍誐哩婆二合三嚩嚩吒吒怛囕二合引四

vajrakusumāyudha/ sarvakāmā me sādhaya Hoḥ/ bhagavan vajrākāśagarbha/ va va ṭa ṭa Trāṃ/

namo yena sādhena/ bhagavati prajñāpāramitā yute/ chinda vajra rina cantrana/ tena satena pāpakan/ Oṃ dhi śrī śuti smṛti vijaye svāhā/ vajrabarmi/

那謨曳那薩帝也二合那婆誐嚩帝引鉢囉二合倪也二合引播引囉彌多引一句薩怖二合吒引親捺嚩日哩二合尼作訖哩二合拏二帝那薩帝也二合那播鉢剛引三唵引地室哩二合輸嚕二合底薩蜜哩二合底尾惹曳引莎引賀引四

namo yena satyena bhagavatī prajñāpāramitā/ sphoṭā cinda vajriṇi cakriṇa/ tena satyena pāpakaṃ/ Oṃ dhi śri śroti smṛti vijaye svāhā/

Oṃ vajragori mahābhidye trilakavijayeśvari vajrakrodha agnisamaye/ vajradhari namo su te/ tadyathā/ Oṃ hilimili lelilāli vajrakamukaye svāhā/

唵引嚩日囉二合偶哩摩賀引尾儞踰二合一句怛哩二合路哥尾惹曳說哩二嚩日囉二合骨嚕二合馱引儗儞二合三摩曳三嚩日囉二合馱引哩那謨窣覩二合帝引四怛鞞他引五醯隷彌隷六隷引隷羅隷囉引隷七嚩日囉二合哥引哩母二合哥曳莎引賀引八

Oṃ vajrgauri mahāvidye/ trilokavijayeśvari/ vajrakrodhāgnisamaye/ vajradhāri namo 'stu te/ tadyathā/ hilemile/ lelilalirāli/ vajrakārmukaye svāhā/

vajrasamaya nama yena saddye na bhagavate/ buddhabodhi buddhadhara/ vajradharmaprayogena tenasatena siddha maṃ/ Oṃ tare tud tāre ture svā/

那謨曳那薩帝也二合引那婆誐嚩帝引一句沒馱冒地囉耨多囉引二嚩日囉二合達哩摩二合鉢囉二合踰儗拏(三)帝那薩帝也二合那悉馳鈴四唵引多引哩覩多引哩引覩哩引莎引賀引五

namo yena satyena bhagavatī/ buddhabodhir anuttarā/ vajradharmaprayogiṇa/ tena satyena siddhya māṃ/ Oṃ tāre tu tāre ture svāhā/

Oṃ karmavajrini siddha siddhya viśuddhya sadhyavaha/ gaganodbhave/ yogena siddha māṃ paramakare/ tadyathā/ gaganaviśuddhe/ sarvamaviphraya paripuraṇi svāhā/

唵引哥引摩嚩日哩二合尼悉馱引悉一句尾戍馱引悉二誐誐怒訥婆二合嚩踰儗那悉馳鈴引三鉢囉摩引叉哩引四怛儞他引五誐誐怒訥婆二合尾引六誐誐那尾輸提七薩哩嚩二合引鼻鉢囉二合引野鉢哩布囉尼引莎引賀引八

Oṃ kāmavajriṇi siddhāsi/ viśuddhāsi/ gaganodbhavayogina siddhya māṃ/ paramākṣarī/ tadyathā/ gaganodbhave/ gaganaviśuddhe/ sarvāviprāya paripūraṇī svāhā/

Paramādya(155-2-2～155-2-3)

『理趣広経』811b8-811b14

Oṃ mahāsuka vajrasatva siddhi Hūṃ/

唵引摩賀引蘇珂嚩日囉二合薩埵悉馳吽一句　Oṃ mahāsukhavajrasattva siddhya Hūṃ/

sarvatathāgatan/ samaya ākarśaya Jaḥ

薩哩嚩二合怛他引誐旦薩摩引哥哩沙二合野弱二　sarvatathāgataṃ samākarṣaya Jaḥ/

vajrakuladrīpaṃ/

薩哩嚩二合嚩日囉二合倶攞地半三　sarvavajrakulādhipaṃ/

damayatro praveśaya Hūṃ/
捺摩曳埵引鉢囉二合尾引設野吽四　　damayitvā? praveśaya Huṃ/

sarvalokeraraṃ praveśya
薩哩嚩二合路計説嚩鉢囉二合尾設也二合五　　sarvalokeśvaraṃ praviśya/

samayabandhana Vaṃ/
三摩拽哩嚩二合馱引那野鑁六　　samayair bandhānaya Vaṃ/

sarvaradnadvīpaṃ mahāmaṇirājānaṃ/
薩哩嚩二合囉怛那二合引地半摩尼囉引惹引難七　　sarvaratnādhipaṃ maṇirājānaṃ/

bhaśikuru Ho//
嚩尸引倶嚕呼引八　　vaśīkuru Hoḥ/

Hūṃ Aḥ Tāṃ Hrīḥ Traṃ//
吽惡醯紇哩二合咄籠二合九　　Huṃ Aḥ Hi Hrī Traṃ/

21.一切相応諸仏三昧曼拏羅儀軌分

Paramādya(155-3-7～155-4-1)
『理趣広経』812a3-a10
dga' ba chen po dpal rdo rje don yod dga' ba'i
怛[寧也]他引摩賀引囉多室哩二合嚩日囉二合引謨伽囉底一句

tadyathā mahārataśrīvajrāmogharati/

dam tshig gi 'dod pa'i rdo rje ma daṅ/

三摩野引那引莫嚩日哩二合尼引二　　samayā nāma vajriṇī/

dga' ba chen po dpal don yod la chags pa'i/

摩賀引囉多室哩二合嚩日囉二合引謨伽囉底三　　mahārataśrīvajrāmogharati/

dam tshig gi rdo rje kī li kī li daṅ/ dga' ba chen po

三摩野嚩日羅二合計隷引吉攞摩賀引囉多四　　samayavajrakelīkilamahārata/

dpal rdo rje don yod la chags pa'i/ dam tshig

室哩二合引嚩日囉二合謨伽囉底三摩野五　　śrīvajrāmogharatisamaya/

rnam par rgyal ba'i rdo rje ma daṅ/ dga' ba chen po

尾惹野嚩日囉二合引摩賀引多囉六(=囉多)　　vijayavajrā mahāratā/

dpal rdo rje don yod la chags pa'i/ dam tshig

室哩二合引嚩日囉二合引謨伽引囉底三摩野七　　śrīvajrāmoghāratisamaya/

rdo rje 'dod pa'i dbaṅ phyug ma'o//

嚩日囉二合哥引彌說囉引彌底八　　vajrakāmeśvarā-m-iti/

Paramādya(155-5-8～156-1-1)

『理趣広経』812b26-812c1

dṅos grub kun gyi bde ba ñams dga' ba'i/

鉢囉二合尾舍婆誐鑁一句　pravisa bhagavan/

thar pa'i groṅ du bcom ldan bde chen 'jug/

摩賀引穌珂謨引叉補嚩二　mahāsukhamokṣapuraṃ/

mchog tu bde ba dam pa'i dṅos grub kyis/

薩哩嚩二合悉提穌亢囉咩三　sarvasiddhisukhālayaṃ/

鉢囉摩穌枯引怛摩悉馳引四　paramasukhātmasiddhyā/

Jaḥ Hūṃ Vaṃ Hoḥ rab tu grub par mdzad//

嵶吽引鑁引鑁引呼引鉢囉二合悉馳莎五　Jaḥ Hūṃ Vāṃ Vāṃ Hoḥ prasiddhyasva//

Paramādya(156-1-3)

『理趣広経』812c5-812c8

『大楽軌』510b2-510b5

『勝初瑜伽軌』515b15-515b24

mchog tu bde ba'i sems ni rol par ldan/

(理)唵引波囉摩穌珂引舍野一句　Oṃ paramasukhāśaya/

(大)跛囉摩素上佉捨野一　paramasukhāśaya/

(勝)跛囉摩素上佉引捨野一　paramasukhāśaya/

sgeg pa'i phyag gis bcom ldan 'das la 'dud/

(理)薩囉哩多尾邏引娑那彌帶引二　salalitavilāsanamitai[r]/

(大・勝)裟攞里多二尾邏娑曩弭帶　salalitavilāsanamitair/

(理)那摩引彌婆誐嚩當三　　namāmi bhagavantaṃ/

(大)囉曩二合麼弭婆伽梵膽三　　{r}namāmi bhagavantaṃ/

(勝)囉曩二合麼弭婆伽梵擔三　　{r}namāmi bhagavantaṃ/

Jaḥ Hūṃ Vaṃ Hoḥ hi hi hi hi　　Jaḥ Hūṃ Vaṃ Hoḥ/ hi hi hi hi/

(理)弱吽引鑁引呼引四呬呬呬呬五

(大・勝)弱𤙖鑁斛四呬呬呬呬五

mgon po sñim pa'i me tog bźes su gsol/

(理)鉢囉二合帝引蹉酤穌鈴引惹里那引他六　　pratīccha kusumāñjali nātha/

(大・勝)鉢囉二合底車上六矩素上滿惹里囉曩二合他七　　pratīccha kusumāñjalir nātha/

Paramādya(156-1-3)

『理趣広経』812c5-c8

『大楽軌』510b2-510b5

『勝初瑜伽軌』515b15-23

mchog tu bde ba'i sems ni rol par ldan/

(理)唵引波囉摩穌珂引舍野一句　　Oṃ paramasukhāśaya/

(大・勝)跛囉摩素上佉引捨野一　　paramasukhāśaya/

sgeg pa'i phyag gis

(理)薩囉哩多尾邏引娑那彌帶引二　　salalitavilāsanamitai[r]

(大・勝)娑攞里多二尾邏娑曩弭帶　　salalita/ vilāsanamitair

bcom ldan 'das la 'dud/

(理)那摩引彌婆誐嚩當三　namāmi bhagavantam/
(大・勝)囉曩二合麼弭婆伽梵擔三　{r}namāmi bhagavantam/

Jaḥ Hūṃ Vaṃ Hoḥ　Jaḥ Hūṃ Vaṃ Hoḥ/
(理)嵶吽引鑁引呼引四
(大・勝)弱鈝鋡斛

hi hi hi hi　hi hi hi hi/
(理)呬呬呬呬五
(大・勝)呬呬呬呬五

mgon po sñim pa'i me tog
(理)鉢囉二合帝引蹉　pratīccha
(大・勝)鉢囉二合底車上六　pratīccha/

bźes su gsol/
(理)酤穌鋡引惹里那引他六　kusumāñjali nātha/
(大・勝)矩素上滿惹里囉曩二合他七　kusumāñjalir nātha/

Paramādya(156-1-5)
『理趣広経』812c12-16
Oṃ/ saṅs rgyas kun ldan rin chen mchog gis brgyan/
唵引薩哩嚩二合沒馱嚩囉囉怛那二合散左野一句　Oṃ sarvabuddhavararatnasaṃcayaḥ/

lha'i cod pan daṅ bcas khyod la 'dud/

鉢囉二合怛踰二合鉢多二合禰咩摩酤吒引野那摩二

pratyo(=dī)ptadivyamakuṭāya nama[ḥ]/

阿毘詵左牳引三 abhiśiñca māṃ/

rdo rje ’chaṅ bdag rin chen dbaṅ bskur bas/

鉢囉二合嚩囉囉(=嚩)日囉二合達噸四 pravaravajradharaṃ/

rdo rje sems dpa’ sa ma ya sta ha//

室哩二合引嚩日囉二合薩埵三摩野薩怛鑁三合摩炕呼郎切五

śrīvajrasattva samayas tvam ahaṃ/

Paramādya(156-1-5～1-6; 160-3-3～3-4)

『理趣広経』812c17-18

杵表眞實理　振鈴爲法音

三昧是大印　安住誦心明

de ñid kyis ni rdo rje gzuṅ/	vajraṃ tattvena saṃgrāhya
chos kyi dril bu dkrol bar bya/	ghaṇṭāṃ dharmeṇa vādya ca/
dam tshig gis ni phyag rgya grol(=cher)/	samayena mahāmudrām
byin gyis brlabs nas sñiṅ po bzlas//	adhiṣṭhāya hṛdā japet//

(*Vajrāvalī* 29.3, *Sarvavajrodaya, Kriyāsaṅgraha, 450vidhi* 324)

Paramādya(156-2-3～2-7); Phubrag 211a

『理趣広経』813a05～813a20

de bźin gśegs pa thams cad kyi mchog gi dṅos grub
薩哩嚩二合怛他引誐多烏多摩悉馳引哥哩沙二合拏一句

sarvatathāgata-uttamasiddhyākarṣaṇa/

mchog tu gsaṅ ba'i dam tshig gi
鉢囉摩囉喝寫三摩野二 paramarahasyasamaya/

glu'i mchod pa ni 'di yin te/
嚩日囉二合儗覩鉢賀引囉嗬三 vajragītyupahāra Jaḥ/

Jaḥ mchog daṅ po rdo rje 'chaṅ ba
鉢羅摩鞞嚩日囉二合達囉四 paramādyavajradhara/

rdo rje sems dpa' bde bar rtogs
嚩日囉二合薩埵薩穌亢鉢羅二合沒馳五 vajrasattva satsukhaṃ prabuddhya/

rab tu dga' ba khyod bdag
穌囉多薩怛馳(=鑁)三合摩欣六 suratas tvam ahaṃ/

saṅs rgyas so sor rtogs/ Hūṃ
鉢囉二合底沒馳沒馱呬吽七 pratibuddhya buddha hi Hūṃ/

mchog rdo rje las ni mchog tu mi 'gyur
嚩囉嚩日囉二合哥哩摩二合鉢囉摩引叉囉八 varavajrakarma paramākṣara/

zad med srid pa rab bsgrub bde daṅ yid bde

惡叉煬婆嚩九鉢囉二合悉地穌珂騷摩那寫十

akṣayobhava/ prasiddhisukhasaumanasya/

dam tshig bdag la dṅos grub mdzod/ Vaṃ

三摩野引鞑悉馳軨引鍐十一 samayādya siddhya māṃ Vaṃ/

mchog bdag gi sku ’dzin

鉢囉摩引薩母哩底二合達囉十二 paramāsadmūrtidhara/

rnal ’byor thams cad rnam rgyal bsgreṅ ba

薩哩嚩二合踰誐尾惹踰蹉囉二合野十三 sarvayogavijayocchraya/

rab mchog dag pa bde bar ’gyur ba’i

鉢囉二合嚩囉戍地穌契婆嚩十四 pravaraśuddhisukhe bhava/

pad ma’i rgyal po kye/ Ho

鉢捺摩二合囉引惹呬呼引十五 padmarāja he Ho/

rab mchog ni mchog gi

鉢囉二合嚩囉鉢囕鉢囉摩十六 pravaraparaṃ parama

dṅos grub dam pa thams cad dbaṅ phyug

薩哩嚩二合悉地鉢囉彌説囉十七 sarvasiddhiparameśvara/

dam par bdag gyur cig/

鉢囉二合婆嚩呬珂誐哩婆二合十八 prabhavahi khagarbha/

rtag par bdag 'phel nam mkha'i sñiṅ po khyod/

薩多旦薩蜜哩二合馳彌十九 satataṃ sam[v]ṛdhya? me/

Jaḥ Hūṃ Vaṃ Hoḥ/

[口+弱]吽鑁呼引二十 Jaḥ Hūṃ Vaṃ Hoḥ/

hu lu hu lu'i sgrub pas dbab par mdzod/

虎盧虎盧二十一悉馳 hulu hulu/ siddhya

dam tshig chen pos yaṅ dag dgug pa khyod/

薩摩引哥哩尸二合覩二十二摩賀引三摩拽二十三 samākarṣatu/ mahāsamaye/

de bźin gśegs pa kun gyi dam tshig ste/

薩哩嚩二合怛他引誐多三摩野二十四 sarvatathāgatasamaya/

rab tu dga' ba mchog bdag po//

蘇囉多薩怛鑁三合摩欣二十五 suratas tvam ahaṃ/

Paramādya(156-3-1～3-4)

『理趣広経』813a27-b1

『大楽軌』511b8-511b12

『勝初瑜伽軌』517a24-517b5

thams cad rjes su chags pa bde ba dam pa'i thugs/

(理)薩哩嚩二合引耨囉引誐蘇珂三摩那三引一句 sarvānurāga sukhasanmanasaṃ/

(大・勝)薩縛引弩囉引伽素上佉薩怛莽二合曩娑去一 sarvānurāga sukhasadmanasaṃ/

rdo rje sems dpa' khyod ni rab dga' ba yin/

(理)怛鑁二合嚩日囉二合薩埵蘇囉多二 tvaṃ vajrasattva surata/

(大)怛梵二合跋日囉二合薩怛嚩二合跋囉莫素上囉多二合二

tvaṃ vajrasattva paramaḥ surata[ḥ]/

(勝)怛縛二合跋日囉薩怛縛二合跋囉莫素上囉多入二 tvaṃ vajrasattva paramaḥ suratah/

bde ba chen po gsal mthoṅ bdag la brtan gyur cig/

(理)三摩煬婆嚩彌三 samayaṃ bhava me/

(大)娑(=婆)嚩冥 bhava me/

(勝)婆嚩冥 bhava me/

myur du so sor mkhyen nas rab tu 'dud pa bsgrubs/

(理)摩賀引蘇珂担哩二合除蹉囉二合野捺四 mahāsukhadṛḍhocchrayadaḥ/

(大・勝)摩訶素上佉地哩二合住掣野諾三 mahāsukhadṛḍhocchrayadaḥ/

(理)鉢囉二合底鉢孰悉馳左五 pratipadya siddhya ca/

(大)鉢囉二合底跛娜也二合悉馳者

(勝)鉢囉二合底跛儞也二合悉馳者

(理)羅虞鉢囉二合拏多六 laghu praṇata/

(大)攞虞鉢囉二合曩多入四

(勝)攞虞鉢囉曩多入四

Paramādya(156-3-4～3-7)

『理趣広経』813b9-b24

Oṃ nam mkha’ skye ba mtshan ldan phyir/

唵引阿引哥引輸怛波二合捺喞賀那二合埵引一句 Oṃ ākāśotpādacihnatvād

thog ma mtha’ ma med pa’i mchog/

捺那引禰儞馱那鉢嚩二 anādinidhanaparam/

sems dpa’ rdo rje che raṅ bźin/

摩賀引嚩日囉二合三摩野薩怛侮二合引三 mahāvajra{sa}mayasattvai[r]

rdo rje sems dpa’ bdag grub mdzod//

嚩日囉二合薩埵鉢囉二合悉馳彌四 vajrasattva prasiddhya me//

kun mchog dṅos grub chen po ste/

薩哩侮二合怛摩摩賀引悉地五 sarvottama mahāsiddhi

dbaṅ phyug chen po lhag pa’i lha/

摩咍說哩也二合引地乃嚩多六 mahaiśvaryādhidaivata/

rdo rje ’dzin pa kun gyi rgyal/

薩哩嚩二合嚩日囉二合馱嚕囉引惹引七

sarvavajradharo rājā

mi ’gyur mchog tu bdag grub mdzod//

悉馳彌鉢囉摩引叉囉八

siddhya me paramākṣara//

ñes pa mi mṅa’ rtag pa khyod/

儞哩禰二合設設引說多室左二合悉九

nirdoṣaḥ śāśvataś cāsi

’dod chags kyis ni rjes chags pa/

薩哩嚩二合囉引誐引耨囉引誐拏十

sarvarāgānurāgaṇa/

’dod chags chen po dga’ ba che/

怛怛尾二合引那悉馳婆誐鑁十一

tattvena siddhya bhagavan

bcom ldan de ñid kyis grub mdzod//

摩賀引囉引誐摩賀引囉多十二

mahārāga mahārata//

śin tu dag pa kun gyis mchog/

阿爹煬二合怛戍戍馱[薩]哩嚩二合十三誐囉

atyanta{śu}śuddha sarvāgra

gdod nas grol ba de bźin gśegs/

阿禰目訖多二合薩怛二合他誐多十四

ādimuktas tathāgata[ḥ]/

kun tu bzaṅ po kun bdag ñid/

三滿多婆捺囉二合薩哩嚩二合引怛摩二合引十五	samantabhadra sarvātmā
byaṅ chub sems dpar bdag grub mdzod/	
冒地薩埵鉢囉二合悉馳禰引十六	bodhisattva prasiddhya me//
dṅos grub chen po kun gyi mchog/	
薩哩侮二合怛摩摩賀引悉地十七	sarvottama mahāsiddhir
dbaṅ phyug chen po lhag pa'i lha/	mahaiśvaryā(=dhidaivatā/)
哩摩二合咍説哩也二合引誐囉二合母捺囉二合野引十八	mahaiśvaryāgramudrayā/
grub pa'i rdo rje cher bstod pas/	
悉馳嚩日囉二合摩呼引怛哥二合哩沙二合十九	siddhya vajramahotkarṣa
rdo rje sñems bdag bdag mdzod cig//	
嚩日囉二合誐哩嚩二合{阿}鉢底摩摩二十	vajragarva pate mama//

(*Vajrāvalī* 21.2; *Kriyāsaṃgraha*: devatāyoga; *450vidhi* 282-286)

Paramādya(156-5-3～5-4)

『理趣広経』813c26-27

既作成就已　於四威儀中

語言及戲笑　處處皆隨意

sṅon du lan cig bsgrub byas nas/	tasmād yatheṣṭavyāpārī
de nas de rjes ci 'dod par/	sarvabhuk sarvakṛt tathā/

ci 'dod pa daṅ ci smra ba/	yathākāmakriyācārī
thams cad bza' bźiṅ thams ca byed/	yathābhuvi tathaiveṣṭitaḥ//
(*Sarvabuddhasamāyoga* 2-5; CVP 79c-80b)	

laṅs pa 'am ni 'dug pa 'am/	utthito vā niṣaṇṇo vā
rab tu rgod dam smra ba 'am/	caṃkramaṃ vā yathāsthitaḥ/
ji(P: ci) bźin de bźin de daṅ der/	prahasan vā prajalpan vā
ji(P: ci) 'dod par ni de bźin gźag//[5]	yatra tatra yathā tathā//
(*Sarvabuddhasamāyoga* 2-6, CVP 80cd)	

Paramādya(157-1-2～1-4)

『理趣広経』814a12-16

祕密大安樂　諸佛皆隨喜

金剛手心印　攝諸衆生心

是金剛薩埵　廣修普賢行

自在若虛空　從自性眞理

一法生無邊

gsaṅ ba mchog gi dgyes pa daṅ/	rahasye parame ramye
saṅs rgyas kun gyi rjes bsten pa/	sarvātmani sadā sthitaḥ/
rdo rje sems dpa' raṅ gi gnas/	sarvabuddhamayaḥ sattvo
thams cad bdag ñid rtag tu bźugs//	vajrasattvaḥ paraṃ sukham//
(*Sarvabuddhasamāyoga* 1-1)	

5 L: 225a7～225b1.

thog mtha' med pa'i sems dpa' ni/ anādinidhanaḥ sattvo
rdo rje sems dpa' dga' ba che/ vajrasattvo mahārataḥ/
kun tu bzaṅ po kun bdag ñid/ samantabhadraḥ sarvātmā
rdo rje sñems tshul bdag po'i bdag// vajragarvā patiḥ patiḥ//

'di ni raṅ byuṅ bcom ldan 'das/ asau svayambhūr bhagavān
lhag pa'i lha ni cig pu ñid/ eka evādhidaivataḥ/
(*Sarvabuddhasamāyoga* 1-2)

22.**一切如来大三昧曼拏羅儀軌分**

Paramādya(157-1-8～157-2-2)
『理趣広経』814b11-b19
『普賢瑜伽軌』521b11
Oṃ sarvayogacidtaṃ upadayami/
(理)唵引薩哩嚩二合踰引詣哥引野嚩引訖唧二合多母怛波二合引捺夜引彌一句
Oṃ sarvayogikāyavākcittam utpādayāmi/
(普)唵薩嚩喩誐質多母答跛二合那夜弭 Oṃ sarvayogacittam utpādayāmi/

'di brjod pa tsam gyis de bźin gśegs pa thams cad daṅ mi bral źiṅ mi ldog pa daṅ bdud thams cad zil gyis gnon pa'i byaṅ chub sems dpa' sems dpa' chen po/ /de bźin gśegs pa ñid du yaṅ rtogs par bya'o źes bya bar yaṅ gsuṅs so//
授此菩提心明已。即得諸佛不退轉地。
降伏一切邪魔外道。即成諸佛菩薩次授此明曰

byaṅ chub sems ni bla med pa/
mchog tu bskyed par byas nas ni/

烏怛波二合捺曳埵波囉鈐	utpādayitvā paramāṃ
冐地喞多摩耨多囉一句	bodhicittam anuttara[ṃ]/

sñiṅ kar rdo rje rab gźag nas/

嚩日囉二合摩馳寫鉢囉二合底瑟吒二合引必煬二合二	vajramadhyasya pratiṣṭhāpyaṃ
紇哩二合捺曳引紇哩二合捺曳引那覩三	hṛdaye hṛdayena tu/

suratasamayastom Ho/

穌囉帝引三摩野薩怛嚩三合呼引四	surate samayas tvaṃ Ho[ḥ]/

sñiṅ pos rdo rje ci bde bsgrub//

嚩日囉二合悉馳野他引穌亢五	vajrasiddhya yathāsukhaṃ/

Paramādya(157-2-6)重出
漢訳（欠）

’di ni khyod kyi dmyal ba’i chu/	idaṃ te nārakaṃ vāri
dam tshig ’das na sreg par bya/	samayātikramaṇād dahet/
dam tshig bsruṅs na dṅos grub ni/	samayasaṃrakṣaṇāt siddhiḥ
rdo rje bdud rtsi’i chu ’dis ’grub//23//	piba vajrāmṛtodakam//

(*Viṃśatividhi* 12-24, *Vajrāvalī* 22.1.3)

Paramādya(157-2-8〜3-2)
『理趣広経』814c10-c20

oṃ sarvatathāgata

唵引薩哩嚩二合怛他引誐多一句

oṃ sarvatathāgata/

mahāsamaya

摩賀引三摩野二

mahāsamaya/

adhipatis tvaṃ/ abhiṣiñcāmi

怛埵引地鉢底埵引摩鼻詵左引彌三

tat tvām [a]dhipatitvām abhiṣiñcāmi/

mahāvajradhara

摩賀引嚩日囉二合達囉四

mahāvajradhara/

źes bya ba'i sṅags 'dis/ rdo rje lag tu sbyin par bya'o/

'di ni saṅs rgyas thams cad ñid/

伊捺旦薩哩嚩二合沒馱怛鑁二合五

idam tat sarvabuddhatvaṃ/

rdo rje 'chaṅ gis rdo rje ste/

嚩日朗二合嚩日囉二合達囉寫咄六

vajraṃ vajradharasya tu/

rdo rje 'chaṅ gi brtul źugs che/

埵野引畢醯薩捺引馱哩煬二合七

tvayāpi hi sadā dhāryaṃ/

khyod kyis kyaṅ ni rtag tu bcad/

摩賀引嚩日囉二合達嚫沒囉二合多彌底八

mahāvajradharaṃ vratam iti//

de bźig gśegs pa thams cad kyi/

多禰難多薩哩嚩二合怛他引誐多九 tad idan tat sarvatathāgata/

byaṅ chub mchog gi sems chen po/

鉢囉摩摩賀引冐地喞多十 paramamahābodhicittam/

yoṅs su mi spaṅ rtag tu bsgrubs/

摩寫引鉢哩爹引誐引十一 {m}asyāparityāgād/

śin tu gsaṅ ba de 'di yin te/

捺寫薩棕引馱引囉拏彌底囉喝薩煬二合十二 {d}asya sadā dhāraṇam iti rahasyaṃ/

oṃ vajrakarmavādhidhi

醯引嚩日囉二合誐哩嚩二合引地鉢底十三 he vajragarvādhipati/

śrī vajra nāma siddha samayas tvaṃ

室哩二合引呬嚩日囉二合那引莫悉馳三摩野薩怛鑁三合十四

śrīhevajra nāma siddhya samayas tvaṃ/

bhur bhuva sva/

普哩普二合嚩莎十五 bhūr bhuvaḥ svaḥ/

Paramādya(157-3-2～4-2)

『理趣広経』814c21-815a9

gaṅ la rdo rje'i miṅ btags pa de la kye'i sgra daṅ por sbyar bar bya'o//

de'i miṅ de yaṅ ci srid byaṅ chub sñiṅ po'i mthar thug pa'i bar gyi de bźin gśegs pa'i yaṅ miṅ du 'gyur ro//
當隨弟子本尊灌頂而爲立名。立其名已。
至于菩提道場。不退轉於阿耨多羅三藐三菩提故。

de la mchog tu gsaṅ ba dam pa'i dpal dam tshig gsum sbyin pa ni 'di yin te/
所以者何。但由受此三種三昧法故。此三昧法者。

實無所有不可得知。大樂金剛薩埵普賢之行。根本最上所出生故。

thog mtha' med pa'i sems dpa' ni/	anādinidhanasattvaḥ
rdo rje sems dpa' dga' ba che/	vajrasattvo mahārataḥ/
kun tu bzaṅ po kun bdag ñid/	samantabhadraḥ sarvātmā
rdo rje sñems tshul bdag po'i bdag//	vajragarvā patiḥ patiḥ//

(*Viṃśatividhi, Vajrāvalī* 29.1)

źes bya ba bcom ldan 'das dpal mchog daṅ po'i skyes bu mchog gi de kho na ñid kyi gsaṅ ba lṅa'i de kho na ñid bśad par byas nas rdo rje sbyin par bya'o// 'di bcom ldan 'das srid pa'i bdag po dam pa kun gyi mchog dbaṅ phyug gi dam pa de bźin gśegs pa de ñid chos kyi mchog gi bka' yaṅ dag pa stsol bar mdzad pa ni//
爲說此最上眞實五種祕密法已。復誡其弟子曰。
此法最上是三有主。一切自在首無上眞實道。

諸佛如來清淨自性。了一切衆生自性清淨故。三有自性亦清淨顯眞實理。

srid pa raṅ bźin ñid kyis dag/	svabhāvaśuddho hi bhavaḥ

raṅ bźin gyis ni srid bral byas/	svabhāvair vibhavīkṛtaḥ/
raṅ bźin dag pa'i sems dpa' mchog/	svabhāvaśuddhaiḥ satsattvaiḥ
srid pa mchog ni mdzad pa yin//	kriyate paramo bhavaḥ//

(*Vajrāvalī* 29.2)

mchog tu gsaṅ ba'i chos ñid 'bebs pa ni dril bu'o// de bźin gśegs pa thams cad la mchod par bya ba'am lha bsgrubs dkrol bar bya'o//
此最上祕密法即是金剛鈴。而能覺悟諸佛如來及諸賢聖。

de nas chos thams cad kyi de kho na ñid rab tu sad pa'i phab pa rnams kyis sgrib pa thams cad rnam par dag par byed pa yin no//
是法供養復能覺悟一切法。復以此法覺悟諸有情。銷除一切諸業障。

rdo rje thams cad 'bebs par byed pa daṅ rab tu sgrub par byed pa daṅ/ dbaṅ du byed pa daṅ rab tu dad par byed pa źes bya bar bsgrub par 'gyur ro//
此名金剛覺悟法。能作成就敬愛等事。

de nas srid pa dag pa'i thabs kyis mchog rtog pa thams cad kyi gsaṅ ba chen po dam tshig la rtag tu rten par bya'o źes bya ba'o//
清淨三有最妙方便。汝當於此最上祕密三昧諸儀軌中深生信受。

此法於三有中。能盡諸苦際令獲諸妙樂。是大方便教而利益世間。
信受行之決定眞實。
de la 'di ni ṅa khyod kyi
srid pa de śin tu myur bar ni/

sdug bsṅal chen po dag bya'i phyir/
śin tu bde ba dam pa'i thabs/
dam tshig 'di ni rtag tu bskyed/

行人修習此勝法者設在五欲受諸樂境。但能依法修行而無障礙。

'dod pa'i loṅs spyod thams cad la/	sarvayogo(=bhogo)pabhogaiś ca
ci 'dod par ni bsten bźin du/	sevyamānai[r] yathāsukhaṃ/
raṅ gi lha'i sbyor ba yis/	svādhidaivatayogena
bdag daṅ gźan la mchod par bya//	svam ātmānaṃ prapūjayet//

(*Subhāṣitasaṃgraha, Mūlasūtra=Sarvabuddhasamāyoga* 2-22c-23b)

Paramādya(157-4-3)
『理趣広経』815a11-12.
若不違此諸佛如來密印三昧者。是人必住堅固地生不退心。

de bźin gśegs pa kun gyis kyaṅ	anatikramaṇīyais tu
'da' ba ru ni mi mdzad pas/	tathā sarvatathāgatāḥ//

(STTS §2554)

phyag rgya dam tshig źes ni bsgrags	mudrā hi samayaḥ prokto
yid kyi sku ni brtan phyir ro//	manomūrtidṛḍhatvataḥ//

(*Vajrāvalī* 29.3)

Paramādya(157-4-3～4-4)重出
『理趣広経』815a14-15.
菩薩住世間　無量無數劫　爲諸有情故　作廣大利益

ci srid 'khor ba'i gnas su ni/	yāvad bhavādhiṣṭhāne 'tra
mkhas mchog 'dug par gyur pa'i tshe/	bhavanti varasūrayaḥ/
ci srid mtshuṅs med sems can don/	tāvat sattvārtham atulaṃ
mya ṅan mi 'da' byed par nus//	śākyā kartum anirvṛtāḥ//

(*Nayasūtra*)

Paramādya(157-5-2～3)

『理趣広経』815b2-6.

Oṃ 'di ni ṅas khyod luṅ bstan ste/	Oṃ eṣo 'haṃ vyākaromi tvāṃ
唵引伊數引欣咩引哥嚕彌怛鑁二合引一句	
rdo rje sems dpa' de bźin gśegs/	vajrasattvas tathāgataḥ/
嚩日囉二合薩埵薩怛二合他引誐多二	
srid pa śin tu grub pa'i phyir/	bhavadurgatayoddhṛtya
婆{誐}鑁引訥哩誐二合多踰引特哩二合爹三	
srid pa'i ṅan 'gro las khyod bton(P:ston)//[6]	atyantabhavasiddhaye//
遏典多婆嚩悉馱曳引四	

(*Viṃśatividhi* 名灌頂3, *Vajrāvalī* 41, *450vidhi*372)

he vadzra namaḥ tathāgata	
係引嚩日囉二合那引摩怛他引誐多五	he vajranāma tathāgata/

---

6 L: 229a4～5.

siddha samayas tvaṃ

悉馳三摩野薩怛鑁三合六

siddhya samayas tvaṃ/

bhur buba sva/

普哩普二合嚩莎七

bhūr bhuva svaḥ//

(*Vajrāvalī* 41, *450vidhi*372)

Paramādya(158-1-4～2-8)

『理趣広経』815b13-815c15.

若人得此最上祕密安慰稱讃者。所有一切罪業應時銷散。

gsaṅ ba'i dkyil 'khor dam pa ni/
mthoṅ ba daṅ ni źugs pas kyaṅ/
sdig pa kun las ṅes grol źiṅ/
khyed rnams der ñid legs par gnas//

dṛṣṭvā praviṣṭvā paramaṃ
rahasyottamamaṇḍalaṃ/
sarvapāpair vinirmuktā
bhavanto 'dyaiva susthitāḥ//

(*Sang hyang kamahāyānikam*, *Vajrāvalī* 43.1, *Kriyāsamuccaya, 450vidhi* 381)

滅盡無餘永離苦惱。諸天不能見所行無畏。

bde chen theg(P:thob) pa 'di las ni/
slar 'chi ba ni yod min te/
mi tshugs pa daṅ mi sod pas/
cis kyaṅ mi 'jigs rol par gyis//[7]

na bhūyo maraṇan tvāsti
yānād asmān mahasukhāt/
adhṛṣyāś cāpy avadhyāś ca
ramadhvam akutobhayāḥ//

(*Sang hyang kamahāyānikam,Viṃśatividhi, 450vidhi* 382)

7 L: 230a3～4.

盡三有苦成最上法。而此最勝調伏之法。

srid pa'i sdug bsṅal ldog pa ni/ nivṛtaṃ bhavadukhaṃ vo
srid pa śin tu grub pa'i phyir/ 'tyantabhavaśuddhaye(=siddhaye)/
ston pa mchog tu gyur pa khyod/ sambhūtāḥ śāsinām agrā
srid pa śin tu grub pa yin// atyantabhavasiddhaye//

(*450vidhi* 383)

常當護持安于三昧。是即諸佛平等宣說。

dam tshig sdom pa grub pa 'di/ ayaṃ vaḥ satataṃ rakṣyaḥ
khyod kyis rtag tu bsruṅ bar bya/ siddhaḥ samayasaṃvaraḥ/
saṅs rgyas kun gyis mthun par gsuṅs/ sarvabuddhasamaṃ proktā
dam pa rtag pa'i bka' yin no// ājñā pāramaśāsvatī//

(*Sang hyang kamahāyānikam,Viṃśatividhi, 450vidhi* 384)

不應捨離菩提之心。金剛密印定成菩提。

gaṅ źig bskyed pa tsam gyis ni/ bodhicittaṃ na vai tyājyaṃ
saṅs rgyas ñid du dogs med pa'i/ yad vajram iti mudrayā/
byaṅ chub sems ni gtaṅ mi bya/ yasyotpādanamātreṇa
phyag rgya rdo rje gaṅ yin pa// buddha eva na saṃśayaḥ//

(*Sang hyang kamahāyānikam, 450vidhi* 385)

此諸佛法勿暫棄捨。設有迷惑縱捨己身。

dam pa'i chos ni mi smod ciṅ/ saddharmo na pratikṣepyo
nam yaṅ btaṅ bar mi bya'o/ na ca tyājyaḥ kadācana/
mi śes pa'am rmoṅs pa yis/ ajñānād vātha mohād vā

des ni smad par mi byo'o//	na vai vivṛṇuyāt sa tu//

(*Sang hyang kamahāyānikam, 450vidhi* 386)

不得暫捨諸佛最上之法。

raṅ gi bdag ñid yoṅs spaṅs nas/	svam ātmānaṃ parityājya
dka' thub rnams kyis gduṅ mi bya/	tapobhir na ca pīḍayet/
ci bde bar ni bde bar gzuṅ/	yathāsukhaṃ sukhaṃ dhāryaḥ
'di ni ma byon rdzogs saṅs rgyas//	sambuddho 'yam anāgataḥ//

(*Sang hyang kamahāyānikam, 450vidhi* 387)

金剛鈴杵及諸密印。亦勿捨離而生輕慢。敬阿闍梨等同諸佛。

rdo rje dril bu phyag rgya rnams/	vajraṃ ghaṇṭā ca mudrā ca
nam yaṅ yoṅs su spaṅ mi bya/	na ca tyājyā kadācana/
slob dpon smad par mi bya ste/	ācāryo nāvamantavyaḥ
'di ni saṅs rgyas kun daṅ 'dra//	sarvabuddhasamo hy asau//

(*Sang hyang kamahāyānikam,Viṃśatividhi, 450vidhi* 388)

若輕阿闍梨者是輕諸佛。當受衆苦無有威徳。被諸瘧病惡毒拏吉儞魅。宿曜執持及諸魔衆。如是災害常所嬈亂。命終之後當墮地獄。

saṅs rgyas kun mtshuṅs bla ma yis/	yaś cāvamanyetācaryaṃ
slob dpon la ni gaṅ smad pa/	sarvabuddhasamaṃ gurum/
de ni saṅs rgyas kun smad pas/	sarvabuddhāpamānena
rtag tu sdug bsṅal thob 'gyur te//	sa nityaṃ duḥkham āpnuyāt//

(*Sang hyang kamahāyānikam, Viṃśatividhi, 450vidhi* 389)

rims daṅ dug daṅ sbyar dug daṅ/	jvarair garair viṣai rāgair
mkha' 'gro rnams kyis gtses pa daṅ/	ḍākinyupadravair grahaiḥ/
gdon daṅ log 'dren gtum po yis/	vighnair vināyakair ghorair
bsad nas sems can dmyal bar ltuṅ//	mārito narakaṃ vrajet//

(*450vidhi* 390)

是故當知阿闍梨者是爲大師。常當尊重愛敬供養。如前所説衆苦惱等皆不能侵。

de bas 'bad pa thams cad kyis/	tasmāt sarvaprayatnena
rdo rje slob dpon blo gros che/	vajrācaryaṃ mahāgurum(=matim)/
dge ba rab tu mi spyoms pa/	pracchannavarakalyāṇaṃ
nam yaṅ smad par mi bya'o//	nāvamanyet kādacana//

(*Sang hyang kamahāyānikam, 450vidhi* 391, *Gurupañcāśikā* 15)

bla ma la ni gus bcas yon/	anurūpaṃ ca te deyaṃ
rjes mthun khyod kyis sbyin par bya/	gurubhaktaṃ sadakṣiṇam/
des ni rims sogs gnod pa rnams/	tato jvarādayas tāpā
phyir źiṅ 'byuṅ bar mi 'gyur ro//	na bhūyaḥ prabhavanti hi//

(*450vidhi* 392)

漢訳（欠）

raṅ gi dam tshig slob dpon ni/	nityaṃ svasamayācāryaṃ
sbyin min bu daṅ chuṅ ma daṅ/	prāṇair api nijair bhajet/
raṅ srog gis rtag bsten bya na/	adeyaiḥ putradārair vā
loṅs spyod g-yo bas smos ci dgos//	kiṃ punar vibhavaiś calaiḥ//

(*Sang hyang kamahāyānikam*)

gaṅ gis bskal pa bye bar ni/ yasmāt sudurlabhaṃ tattvaṃ
graṅs med par ni rñed dka' ba'i/ kalpāsaṃkhyeyakoṭibhiḥ/
saṅs rgyas ñid kyaṅ brtson ldan la/ buddhatvam udyogavate
tshe 'di ñid la ster bar byed// dadātīhaiva janmani//
(*Sang hyang kamahāyānikam, Viṃśatividhi*)

應當恭敬供養阿闍梨。何以故此阿闍梨。經阿僧祇倶胝劫數實難値遇。由此阿闍梨開發菩提道得成佛果。是故弟子依本法儀而常供養。是即供養諸佛如來故。

rtag tu raṅ gi dam tshig bsruṅ/ nityaṃ svasamayaḥ sādhyo
rtag tu de bźin gśegs pa mchod/ nityaṃ pūjyās tathāgatāḥ/
rtag tu bla ma la yaṅ dbul/ nityañ ca gurave deyaṃ
'di ni saṅs rgyas kun daṅ 'dra// sarvabuddhasamo hy asau//
(*Sang hyang kamahāyānikam,Viṃśatividhi, 450vidhi* 393, *Gurupañcāśikā* 19)

de byin saṅs rgyas thams cad la/ datte 'smai sarvabuddhebhyo
rtag tu sbyin pa ñid du 'gyur/ dattaṃ bhavati śāśvatam/
de byin bsod nams tshogs yin te/ taddānāt puṇyasambhāraḥ
tshogs las dṅos grub mchog tu 'gyur// sambhārāt siddhir uttamā//
(*Sang hyang kamahāyānikam*, *450vidhi* 394cdab, *Gurupañcāśikā* 21)

成最上法見獲善果。與諸賢聖等無有異。

de phyir 'di ni legs gnas pas/ adya vaḥ saphalaṃ janna
deṅ khyod skye ba 'bras bur bcas/ yad asmin supratiṣṭhitāḥ/
raṅ byuṅ dam tshig lha daṅ mñam/ samāḥ samayadevānāṃ
deṅ khyod 'gyur bar the tsom med/ bhavitāstha na saṃśayaḥ//

(*Sang hyang kamahāyānikam, 450vidhi* 395)

見受灌頂證法王位。

saṅs rgyas rdo rje 'dzin bcas pas/	adyābhiṣiktā yuṣmantaḥ
kun gyi deṅ khyod dbaṅ bskur bas/	sarvabuddhaiḥ savajribhiḥ/
khams gsum gyi ni rgyal po che/	traidhātukamahārājāḥ
rgyal po'i bdag por bstan(=brtan) pa yin/	rājādhipatayaḥ sthirāḥ//

(*Sang hyang kamahāyānikam, 450vidhi* 396)

作三界主降伏魔軍。住寂靜地佛果菩提定無疑惑。

de ni bdud las rnam rgyal te/	adya mārāṃ vinirjitya
groṅ khyer mchog tu rab tu źugs/	praviṣṭāḥ paramaṃ puraṃ/
khyed rnams kyis ni saṅs rgyas ñid/	prāptam adyaiva buddhatvaṃ
deṅ(P:de) 'dir thob par the tshom med/[8]	bhavadbhir nātra saṃśayaḥ//

(*Sang hyang kamahāyānikam, Viṃśatividhi, 450vidhi* 397)

Paramādya(158-4-4～4-5)

漢訳（欠）

'dod pa'i loṅs spyod thams cad kyis/	sarvakāmopabhogais tu
cis kyaṅ mi 'jigs rol par gyis/	ramadhvam akutobhayāḥ/
dam tshig 'di ni 'da' dka' ste/	mā bhaiṣīr nāsti te pāpaṃ
sdig pa med kyis ma 'jigs śig//	samayo duratikramaḥ//

(*Sarvabuddhasamāyoga* 6-64)

---

8 L: 231a2～3.

Paramādya(158-4-6)

『理趣広経』815c14-16

又復阿闍梨及弟子。所有金剛薩埵相應之法皆悉具足。所以諸佛如來。以最上祕密而作安慰

de ltar yid ni rab dad rdo rje ñid du gyis/ iti kuruta manaḥ prasādavajraṃ

raṅ gi dam tshig mi zad bde ster bstan par gyis/

svasamayan akṣayasaukhyadaṃ bhajadhvaṃ/

de ni 'gro la myur bde rdo rje sems dpa' daṅ/

jagati laghusukhe 'dya vajrasattva

rab tu mñam źiṅ rtag tu ñid du rtogs par gyis/

pratisamaśāśvatatāṃ gatā bhavantaḥ//

(*Sang hyang kamahāyānikam, 450vidhi* 398, *Kriyāsamuccaya*)

Paramādya(158-5-7～159-1-1)

『理趣広経』816a18-816a22.

各依本法而作安於曼拏羅。是時弟子依毘首印法當作供養。

由此毘首儀故。弟子所有苦惱瘧等。諸疾惡毒拏吉儞魅。

惡曜執持諸魔災害。惡趣等業皆悉銷滅。増長善業得究竟相應諸佛無上菩提。

dkyil 'khor gaṅ daṅ gaṅ brten(=bsten) pa/ yad yan maṇḍalaṃ sev[ay]ed

phyag rgya sna tshogs mchod pa yis/ viśvamudropahārataḥ/

slob ma'i tshogs ni de daṅ de/ tat tac chiṣyagaṇaiḥ sarvaiḥ

bzla źiṅ thams cad mchog tu gźug// pūjayan(=jāpayan) tu mahāpayet//

(*Sarvabuddhasamāyoga* 5-7)

sna tshogs cho ga 'di yis ni/ anenopahāravidhinā
sdig pa kun las rnam grol 'gyur/ sarvapāpair vimucyate/
bsod nams kun kyaṅ 'phel 'gyur te/ vardhate sarvapuṇyais tu
rtag tu sruṅ bar 'gyur ba yin/ rakṣā bhavati śāśvatī//
(*Sarvabuddhasamāyoga* 9-342)

rims daṅ gdon daṅ dug daṅ nad/ jvarā viṣā garā rogā
sbyar dug mkha' 'gro'i 'tshe ba daṅ/ ḍākinyopadravā grahāḥ/
bdud daṅ gsod par byed pa rnams/ mārā vināyakāś caiva
'dis ni rab tu źi bar 'gyur/ praśamaṃ yānty anena hi//
(*Sarvabuddhasamāyoga* 9-345)

dṅos grub dag ni phun tshogs 'gyur(L:phun sum tshogs)/
siddhayaḥ saṃpadaś caiva
dga' ba de bźin bdag po rnams/ ratayaḥ patayas tathā/
saṅs rgyas kun gyi bdag ñid kyi/ sidhyate paramā mudrā(=paramo yogaḥ)
rnal 'byor dam pa thob par 'gyur/ sarvabuddhatvam uttamam//
(*Sarvabuddhasamāyog*a 9-344)

Paramādya(159-1-4～2-8; 164-2-7～2-8)
『理趣広経』816a27-b29
『普賢瑜伽軌』523a3-8
(吉祥最勝本初1)thams cad rjes su chags pa bde ba dam pa'i thugs/
(吉祥最勝本初2)thams cad bde ba dam pa rjes su chags pa'i thugs/
(理) 薩哩嚩二合引耨囉引誐穌珂素引摩那散怛鑁二合一句

sarvānurāgasukhasaumanasam tvaṃ/

(普)薩嚩努邏誐　蘇佉薩怛莽　曩婆(=裟)放前儀　怛鑁

sarvānurāgasukhasadmanasam tvaṃ/

(吉祥最勝本初1)rdo rje sems dpa' khyod ni rab dga' dam tshig ste/

(吉祥最勝本初2)rdo rje sems dpa' khyod ni rab dga' ba yin/

(大楽金剛秘密)rdo rje sems dpa' khyod ni rab tu byuṅ ba yin/

(理)嚩日囉二合薩埵穌囉多三摩野婆嚩彌二　vajrasattva suratasamaya bhavāmi/

(普)嚩曰囉　薩埵跛囉麼　索囉跢妙陀　婆嚩銘

(吉祥最勝本初1)bde ba chen po brtan źiṅ mtho ba gsal gyur cig/

(吉祥最勝本初2)bde ba chen po brtan źiṅ 'thor bar bdag gyur cig/

(大楽金剛秘密)rab tu dga' ba 'gro ba kun gyi bde chen po/

(理)摩賀引穌珂涅哩二合除引卒野捺三　mahāsukhadṛḍhocchrayada?/

(普)磨訶　蘇佉爾哩住　縒囉也那

(吉祥最勝本初1)so sor rtogs nas mṅon du phyogs śiṅ myur bsgrubs śig//

(吉祥最勝本初2)so sor rtogs śiṅ myur du bsgrubs śiṅ phyag 'tshal lo//

(大楽金剛秘密)brtan mtho de riṅ bdag la myur grub mṅon phyogs mdzad//

(理)鉢囉二合底鉢馳悉馳左羅具鉢囉二合拏多四

pratipadya siddhya ca laghu praṇata//

(普)鉢囉底幡[爾也]　悉地者攞具　鉢囉拏多

pratipadya siddhi ca laghu praṇata//

de nas de bźin gśegs pa thams cad kyi rigs kyi mchog tu gsaṅ ba'i dam tshig gi 'jug pa'i rdo rje glu'i mchod pa ni/
復說一切如來部最上祕密入三昧金剛歌曰

rdo rje sems dpa' sdus pas na/
嚩日囉二合薩埵僧屹囉賀一句
vajrasattvasaṅgrahād
rdo rje rin chen bla na med/
嚩日囉二合囉怛那二合摩努多囉一句
vajraratnam anuttaram/

rdo rje chos ni glu blaṅs pas/
嚩日囉二合達哩摩二合誐引野乃一句
vajradharmagāyanaiḥ/

rdo rje las ni byed par 'gyur//
嚩日囉二合羯哩摩二合羯嚕婆嚩一句
vajrakarmakaro bhava//
(STTS §314)

de nas rdo rje rigs thams cad kyi mchog tu gsaṅ ba'i dam tshig gi 'jug pa'i rdo rje'i glu'i mchod pa ni/
復說一切金剛部最上祕密入三昧金剛歌曰

Hūṃ rdo rje mda' gźu daṅ bcas khyod la 'dud/
吽引嚩日囉二合哥引哩母二合哥設囉引野那摩一句
Hūṃ vajrakārmuka(=ke)śvarāya namaḥ/

rdo rje chags pa'i dam tshig dpal khyod 'dud/

室哩二合引嚩日囉二合囉引誐三摩夜野那摩一句　śrīvajrarāgasamayāya namaḥ/

khaṭvāṃ ’jig ’dus rdo rje khyod la ’dud/
朅椿誐引嚩日囉二合補羅夜野那摩一句　khaṭvāṃgavajrap[r]alayāya namaḥ/

rdo rje dril bu bskyod pa’i dpal khyod la ’dud//
室哩二合引嚩日囉二合健吒葛羅娑(=娑)引野那摩一句　śrīvajraghaṇṭākalaśāya? nama[ḥ]//

de nas padma’i rigs thams cad kyi mchog tu gsaṅ ba’i dam tshig gi ’jug pa’i rdo rje glu’i mchod pa ni/
復説一切蓮華部最上祕密入三昧金剛歌曰

la lar skye bo ma ruṅs pa yi(P:pa’i) srog ’phrog byed pa śin tu drag po’i sku/[9]
聒唧捺鼻嚕捺囉二合嘮捺囉二合多耨一句　kvacid abhirudraraudratanum/
母誐囉二合惹那引穌喝哩引二　ugrajanāsu harī

la lar ’gro ba mtha’ yas ’dul phyir śin tu rno ba’i ’khor lo ’dzin pa’i sku/
鉢囉二合鉢虵西聒唧鼻帝叉拏二合作訖囉二合達囉母哩底二合二(=三)
prapadyasi kvacid abhitīkṣṇacakradharamūrti
惹誐地囉野散多多四　jagadhiraya?saṃtata[ḥ]/

la lar padma’i gdan gyi śin tu źi ba’i sku ste ’gyur ba med pa ste/
聒唧捺鼻騷摩也二合扇引多嚩布囉叉囉難五

9 L: 234a3.

kvacid abhi(=ati)saumyaśāntavapur akṣaranam

哥摩攞摩(sic)那寫吠六 kamalāsanasya vai//

la lar śin tu 'bar ba'i 'dod pa'i dam tshig pad ma'i rgyal po bdag sgrubs śig//

聒喞捺鼻禰引鉢多二合哥引摩三摩野引鉢囉二合悉馳七

kvacid abhi(=ati)dīptakāmasamayā prasiddhya

摩摩鉢捺摩二合囉引惹呬八 mama padmarāja hi/

de nas nor bu'i rigs thams cad kyi mchog tu gsaṅ ba'i dam tshig gi 'jug pa'i rdo rje glu'i mchod pa ni/

復説一切寶部最上祕密入三昧金剛歌曰

dbaṅ skur thams cad dbaṅ phyug dam pa las/

薩哩嚩二合引鼻尸哥鉢囉彌説囉多一句 sarvābhiṣekaparameśvarata[ḥ]/

yaṅ dag bsgrubs śiṅ mi zad gter gyi mchog/

僧悉馳左引叉野儞地二 saṃsiddhya cākṣayanidhi/

kun mchog rgyal mtshan rnam rgyal bsgreṅ ba las/

鉢囉摩薩哩嚩二合引誐囉二合計覩三 paramasarvāgraketu/

尾惹踰蹉囉二合野多四 vijayocchrayata[ḥ]/

rdo rje rin chen dpal bdag legs mchod gyur//

室哩二合引嚩日囉二合囉怛那二合婆嚩彌蘇珂捺五 śrīvajraratna bhava me sukhada//

de na miṅ po gsum gyi ni/

復說摩度迦囉三尊歌曰

bhur buba sva/

普哩普二合嚩莎一句

Bhūr bhuva sva[ḥ]/

de nas sriṅ mo bźi rnams kyi

復說四賢聖歌曰

Hriṃ Hūṃ Śrī bhyo/

紇哩二合吽室哩二合毘踰二合一句

Hri Hūṃ Śrī bhyo/

de nas klu'i rigs thams cad kyi dkyil 'khor gyi ni/

復說諸龍王歌曰

phu phu

普普

phu phu/

復說金剛手大藥刹主諸閼伽供養金剛歌曰

sarvamagamaṇḍalam idaṃ

薩哩嚩二合引哩伽二合曼拏羅禰(=彌)難一句

sarvārghamaṇḍalam idam/

vajradharākrama

嚩日囉二合達囉引訖囉二合摩二

vajradharākrama/

vemardha vikira

尾摩哩捺二合尾吉囉尾吉囉三 vimardha vikira vikira/

bhanja udsvadhaya/ nāśaya

伴儒仁祚切蹉引捺野那引設野四 bhañjocchādaya nāśaya/

hana daha patsa

喝那捺喝鉢左五 hana daha paca/

bhasmikuru krodha

婆悉彌二合引俱嚕骨嚕二合馱六 bhasmīkuru krodha/

hūṃkāramantrina/

吽哥引囉摩引怛哩二合拏盎七 hūṃkāramantriṇām/

de nas thams cad kyi mchog dbaṅ phyug dam pa'i dkyil 'khor chen po'i mchog tu gsaṅ ba'i dam tshig gi rdo rje glu'i mchod pa ni/

復説最上自在大曼拏羅最上祕密入三昧金剛歌曰

la lar dri med zla ba'i dkyil 'khor stoṅ gi 'od kyis sku ni rnam par mdzes/

聒啣捺摩朗耨曼拏羅薩喝薩囉二合嚕左引嚩布沙引尾囉引惹西引一句

kecid amalendumaṇḍalasahasrarucyā vapuṣā virājasī/

la lar 'jig(P:'jigs) dus ñi ma 'char ka bye ba'i 'od zer tshogs ni 'jigs cher 'bar/[10]

---

10 L: 234b3.

鉢囉二合羅野那羅引哩哥二合酤致哥囉奔惹摩賀婆野禰引必底二合那引聒唧二

pralayānalārkakoṭikarapuñjamahābhayadīptena kecit/

la lar mdaṅs daṅ 'od zer daṅ ldan bde źiṅ źi ba'i rgyal ba'i sku 'dzin pa/

聒唧捺尾哥引底禰必底二合穌珂扇引多摩那引禰惹那嚕鉢馱引哩拏引三

kecid avikāti?dīptisukhaśāntamanādija(=manojaji)narūpadhāriṇā

la lar śin tu mdzes pa'i gzugs 'chaṅ mchog gi mda' daṅ bcas pa'i gźu 'dzin pa/

薩哩嚩二合惹誐蹉摩引哩閉二合多穌嚕鉢勃哩二合多引達囉播引尼那引聒唧四

sarvajagatsamārpitasurūpabhṛtādharapāṇinā kecit/

la lar gdul bya rnam par sbyaṅ phyir brtson pa'i rdo rje sems khyod mkha' bźin bźugs/

誐誐那彌嚩薩哩嚩二合僧悉體覩惹誐旦尾那踰鞞覩尾戍達那引野五

gagaṇam iva sarvasaṃsiddhe tu jagatam vinayo(')dya tu viśuddhanāya/

ma lus 'dul ba mkhas pa'i bde ba dam pa ñid phyir bdag la grub gyur cig//

怛鑁二合嚩日囉二合薩埵悉馳摩拽尸沙尾那野尾捺誐馱二合薩穌契毘藥二合六

tvaṃ vajrasattva siddhya mayy aśeṣavinayavidagdhasatsukhebhyaḥ/

復説最上祕密儀中最上祕密三種三昧金剛歌曰

dṅos grub kun gyi bde ba ñams dga' ba'i/

唵引鉢囉二合尾設婆誐鑁一句 Oṃ praviśa bhagavan/

thar pa'i groṅ khyer bcom ldan bde chen 'jug/

摩賀引穌珂謨引叉布嚂二 mahāsukhamokṣapuram/

dṅos grub kun gyi bde ba ñams dga' ba'i/

薩哩嚩二合悉提穌珂波囉摩嚂摩煬二合三 sarvasiddhisukhaparamaramyam/

mchog tu bde ba dam pa'i dṅos grub kyis/

波囉摩穌枯引怛摩悉皺引四 paramasukottamasiddhyā/

dza hūṃ baṃ ho/ rab tu grub par mdzod//

嘚吽引鑁引呼引鉢囉二合悉馳莎五 Jaḥ Hūṃ Vaṃ Hoḥ prasiddhyasva/

23.一切相応儀軌分

Paramādya(159-4-8〜5-4)

『理趣広経』817b4-b22

de ñid kyis na bcom ldan 'das/

怛堆那婆誐嚩覩醯一句 tattvena bhagavan tu hi

byaṅ chub sems dpa' de bźin gśegs/

冒地薩埵薩怛二合他誐多二 bodhisattvas tathāgataḥ/

lta ṅan rnams la phan pa'i phyir

耨捺哩二合瑟致二合難醯多引哩他二合引野三 durdṛṣṭinām hitārthāya

’di dag mya ṅan ’das pa ston/

儞哩蜜哩三合釘捺哩設二合煬爹彌四

nirvṛtiṃ darśayantyami(=tu me)//

ma lus ’dul ba la brtson pas

阿尸沙尾那踰女誐五

aśeṣavinayodyoga

brtan źiṅ ṅes pa’i cho ga(=go cha) bgos/

禰哩二合茶儞室左二合野嚩哩彌二合多引六

dṛḍhaniścayavarmitā/

śin tu srid pa la gnas mchog/

阿顛多婆嚩嚩引薩引誐囉二合七

atyantabhavavāsāgra

go cha(L:cho ga) la sogs bgos pa yin/

儞嚩馱哥嚩左引捺野八

nibaddhakavacādaya[ḥ]//

saṅs rgyas chos daṅ dge ’dun źes/

怛哩二合囉怛那二合多引目鉢誐多引九

triratnatām upagatā

dkon mchog gsum du gyur pa yin/

沒馱達哩摩二合誐拏引伊底十

buddhadharmagaṇā iti/

srid pa śin tu bsgrub pa yi/

阿顛多婆嚩僧悉馱十一

atyantabhavasaṃsiddha

rnam par dag pa'i dpal(P:dpa') mdzad mchog/[11]

尾戍馱室哩二合哥囉引鉢囉引十二　　viśuddhaśrīkarāparā//

źes bya ba ni de bźin gśegs pa thams cad kyi mchog tu gsaṅ ba'i rdo rje'o//

伊底薩哩嚩二合怛他引誐多鉢囉摩虞呬也二合嚩日朗二合十三

iti sarvatathāgataparamaguhyavajraṃ/

de nas mchog tu gsaṅ ba'i chos ñid kyi dril bu ni//

阿他鉢囉摩虞呬也二合達哩摩二合多引十四健吒引　　atha paramaguhyadharmatāghaṇṭā

thams cad nam mkha'i mtshan ñid de/

阿引哥引舍洛叉赧十五薩哩嚩二合　　ākāśalakṣaṇam sarvam

nam mkha' la yaṅ mtshan ñid med/

摩引哥引商左引必也二合洛叉赧十六　　ākāśañ cāpy alakṣaṇam/

nam mkha' daṅ mñam sbyor ba yis/

阿引哥引舍三摩多引踰引誐引十七　　ākāśasamatāyogā[t]

kun mchog mñam pa ñid du gsal//

薩哩嚩二合引誐囉二合三摩多引塞普二合致引底十八　　sarvāgrasamatā sphuṭeti//

(*Vajrāvalī* 42.1)

źes bya ba ni śer rab kyi pha rol tu phyin pa'o//

---

11 L: 236b4.

鉢囉二合倪也二合播引囉蜜多引十九	prajñāpāramitā/

de nas dam tshig chen po gsum gyi sdom pa źes bya ba ni/

阿他摩賀引三摩野嚩囉彌底二十	atha mahāsamaya[saṃ]varam iti/

loṅs spyod kun la loṅs spyod pa/

薩哩嚩二合部引仡引鉢部凝薩覩二合	sarvabhogopabhogais tu

raṅ lha bdag ñid kyis bsten na/

細引咩摩引乃莎摩引咄摩二合那二十一	sevyamānai[ḥ] svam ātmanaṃ/

(cf. *Sarvabuddhasamāyoga* 2-22)

dkon mchog gsum la mchod pa'i mchog/

底哩二合囉怛那二合布引惹引波嚾摩引	triratnapūjā paramā

bdag gis bya źes brjod ciṅ mchod/

葛嚕彌引底嚩捺引摩賀彌底二十二	karomīti vadām aham// iti

Paramādya(160-1-6～1-8)

『理趣広経』817c13-23:

rtag tu chags pa las byuṅ khro/

軸爹囉引瞿捺婆二合嚩骨嚕二合馱一句	[dyata] rāgodbhavakrodha

rdo rje me yi (P:yis) phuṅ po sku/	vajrāgniskandhamūrttaya/
嚩日囉二合引儗儞二合塞健二合馱母哩多二合野二	

’bar ba’i rdo rje khro bo che/

rab ’bar ba yi (P:ba’i) tshogs kyi sku/[12]

rdo rje ’bar ba’i rnal ’byor che/

鉢囉二合禰引鉢多二合嚩日囉二合摩賀引喩誐三

pradīptavajramahāyoga

mkha’ ’gro ma rnams kun tu ’bar/

拏引吉儞也二合引薩哩嚩二合覩入嚩二合攞

ḍākinyā sarvato jvala

źes bya ba ni rdo rje’o//

伊底嚩日朗二合四

iti vajraṃ/

de nas chos ni/

阿他達哩摩二合

atha dharma

thams cad nam mkha’i mtshan ñid de/

阿引哥引舍洛叉赧五薩哩嚩二合

ākāśalakṣaṇaṃ sarvam

nam mkha’ la yaṅ mtshan ñid med/

摩引哥引商左引繁洛叉拏六

ākāśañ cāpy alakṣaṇam/

nam mkha’ daṅ mñam rnal ’byor pas/

摩引哥引舍三滿多蹦儗七

ākāśasamatāyogī

---

12 L: 237b7.

thams cad myur ba ñid du bsgrub(L:sgrub)//
薩哩嚩二合彌嚩引怛囉二合娑引達曳八 sarvam evātra sādhaye//

nam mkha’ kun mchog sbyor ba yis/
薩哩嚩二合引哥引舍引誐囉二合踰儗那九 sarvākāśāgrayogena

thams cad nam mkha’ źes brjod ciṅ/
薩哩嚩二合引哥引舍彌底沒嚕二合鑁十 sarvākāśam iti bruvan/

rdo rje phyag rgyas rgyas btab pas/
母捺哩二合旦嚩日囉二合母捺囉二合引鼻十一 mudritaṃ vajramudrābhi[ḥ]

’jig rten gsum yaṅ za bar byed//
怛哩二合路哥摩畢婆叉曳禰底十二 trilokam api bhakṣayed iti//

Paramādya(161-1-2)
漢訳（欠）
de la sogs pa mtha’ yas mchog/ evam ādyair anantāgraiḥ
chos dbyiṅs mñam daṅ mi mñam pa/ dharmadhātusamāsamaiḥ/
nam mkha’i khams ltar graṅs med ciṅ/
ākāśadhātuparyantair(=dhātvasaṃkhyeyair)
rdo rje ñi ma las byuṅ ba// vajrasūryodayo bhavet//
(*Sarvabuddhasamāyoga* 1-16abc+6-75d)

Paramādya(161-2-7～2-8)

漢訳（欠）

khrag chen ga bur daṅ bcas pa/	mahāraktaṃ sakarpūraṃ
tsan dan dmar daṅ sbyar ba ni/	raktacandanayojitam/
tshogs kyi naṅ du rab źugs nas/	gaṇamadhye pratiṣṭhan tu
rdo rje daṅ bcas rdo rje 'dzin/	sarvāntiṣṭharasāyanam//
srin lag mthe bo'i(P:bo) rtse mo yis/[13]	anāmāṅguṣṭhavakrābhyāṃ
nam mkha' thams cad sbyor mchog ldan/	svādhidevatātma(=sarvākāśapra)yogavān/
zla ba btuṅ ba(L:ba'i btud pa) bźin myaṅs na/	somapānavad āśvādya
rtag pa'i dṅos grub thob par 'gyur//	siddhim āpnoti śāśvatīṃ//

(*Sarvabuddhasamāyoga* 6-14～6-15)

'dod pa kun la loṅs spyod ciṅ/	sarvabhogopabhogaiś ca
ci 'dod par(L:pa) ni bsten bźin du/	sevyamānair yathāsukhaṃ/

(*Sarvabuddhasamāyoga* 2-22ab)

nam mkha' kun mchog sbyor ba yis/	[sarvākāśāgrayogena]
dṅos grub thams cad thob par 'gyur//	[sarvasiddhim avāpnuyāt//]

Paramādya(161-4-3)

漢訳（欠）

dam tshig sdom pa grub pa 'di/	ayan vaḥ satataṃ rakṣyaḥ
rtag tu yaṅ ni bsruṅ bar bya/	siddhaḥ samayasamvaraḥ/
saṅs rgyas kun gyis mthun par gsuṅs/	sarvabuddhaiḥ samaṃ proktā

13 L: 242b6.

dam pa rtag pa'i bka' yin no// āj ñā paramaśāśvatī//
(*Sang hyang kamahāyānikam*, *Viṃśatividhi*15-15, *450vidhi* 384)

Paramādya(161-4-5～4-7)
漢訳（欠）

rtag tu raṅ gi dam tshig bsruṅ/	nityaṃ svasamayaḥ sādhyo
rtag tu de bźin gśegs rnams mchod/	nityaṃ pūjyās tathāgatāḥ/
rtag tu bla ma la yaṅ dbul/	nityañ ca gurave deyaṃ
de la phul na 'bras bu che//	...//

(*Sang hyang kamahāyānikam*,*Viṃśatividhi, 450vidhi* 393, *Gurupañcāśikā* 19)

de byin saṅs rgyas thams cad la/	datte 'smin sarvabuddhebhyo
rtag tu sbyin pa ñid du 'gyur/	dattaṃ bhavati cākṣayaṃ/
de byin bsod nams tshogs yin (L:rdzogs) te/	taddānāt puṇyasambhāraḥ
tshogs las dṅos grub mchog tu 'gyur//	sambhārāt siddhir uttamā//

(*Sang hyang kamahāyānikam*, *450vidhi* 394, *Gurupañcāśikā* 21)

deṅ khyod skye ba 'bras bur bcas/	adya vaḥ saphalaṃ janna
gaṅ phyir 'di la rab tu gnas/	yad asmin supratiṣṭhitāḥ/
dam tshig rgyal po daṅ mñam par/	samāḥ samayadevānām(=rājānām)
saṅs rgyas kun gyis byin gyis brlabs//	...//

(*Sang hyang kamahāyānikam, 450vidhi* 395)

saṅs rgyas rdo rje 'dzin kun gyis(L:rnams kyis)/

	adyābhiṣiktā yuṣmantaḥ
de riṅ khyed(L:khyod) la dbaṅ bskur bas/	sarvabuddhaiḥ savajribhiḥ/
khams gsum gyi ni rgyal srid che(L:che'i)/	traidhātukamahārājyaṃ
stobs dpal 'khor los(P:lo) sgyur ba yin/[14]	...//
(*Sang hyang kamahāyānikam, 450vidhi* 396)	

Paramādya(161-5-4～5-6)

『理趣広経』818a5-a14:

de ñid saṅs rgyas bcom ldan 'das/	
怛堆那婆誐鑁引沒馱一句	tattvena bhagavān buddha
spyan ras gzigs kyi dbaṅ phyug ste/	
阿嚩路吉帝說囉二	avalokiteśvaraḥ/
'dul ba'i thabs kyis dag pa yi/	
哥嚕底尾那踰播引野三	karoti vinayopāya
rol pa'i gar ni mdzad pa yin/	
戍地訖哩二合拏引鉢囉二合那哩底二合多四	śuddhikrīḍā pranartita//
źes bya ba ni mchog gi rdo rje ste/	
彌底鉢囉忙嚩日朗二合五	iti paramaṃ vajram/

14 L: 244b1.

ji(P: ci) ltar padma dmar po ’di(L:ni)/

拽他引囉葛旦二合軆哥摩朗六 yathā raktaṃ hi kamalaṃ

gnas kyi ñes pa sna tshogs kyis(P:gyis)/[15]

囉引誐奴曬哩那二合隷鰲帝七 rāgadoṣair na lipyate/

tshon(P:mtshon) gyi ñes pas mi gos pa/[16]

{哩} 嚩二合引薩奴曬哩嚩二合虎尾臺八 {r}vāsadoṣāir bahuvidhais

de bźin khams gsum dag pa’o//

薩怛二合他引戍唐怛哩二合馱引覩引哥九 {s}tathā śuddhaṃ tridhātukam//

źes bya ba ni mchog tu gsaṅ ba’i chos ñid dril bu’o//

彌底鉢囉摩虞呬也二合達哩摩二合多十健吒引 {m}iti paramaguhyadharmatā/ ghaṇṭā

cho ga gaṅ daṅ gaṅ dag gis/

曳那曳乃嚩尾地那十一 yena yenaiva vidhinā

’gro ba rnams ni ’dul ’gyur ba/

惹誐地那野摩引嚩呬 jagadhi(=dvi)nayam āvahe/

padma dag mchog rnal ’byor bdag/

---

15 L: 245a1.

16 L: 245a1.

鉢捺摩二合戍馳誐囉二合踰誐引旦摩二合引十二　　padmaśuddhyagrayogātmā

de daṅ de yis dag par bya//

帝那帝乃嚩輸達曳禰底十三　　tena tenaiva śuddhayed iti//

Paramādya(162-4-3)

『理趣広経』818b4-5

此大印法。至如諸佛亦不越於三昧。

de bźin gśegs pa kun gyis kyaṅ/　　anatikramaṇīyais tu

'da' ba ru ni mi mdzad pas/　　tathā sarvatathāgatāḥ//

(STTS §2554)

phyag rgya dam tshig ces(P:rjes) su bsgrags/　　mudrā hi samayaḥ prokto

yid kyi gzugs ni brtan phyir ro//[17]　　manomūrtidṛḍhatvataḥ//

(*Vajrāvalī* 29.3)

Paramādya(162-4-7～162-4-8)

漢訳（欠）

bdag ni saṅs rgyas thams cad ñid/　　ātmā vai sarvabuddhatvaṃ

gzi brjid can ni ñid kyaṅ yin/　　sarvaśauritvam eva ca/

raṅ gi lha'i rnal 'byor gyis/　　svādhidaivatayogena

de phyir bdag ñid brtag par bya//　　tasmād ātmaiva sādhayet(=kalpayet)//

(*Sarvabuddhasamāyoga* 1-24; pāda AB=*Vajrasattvasādhana*)

---

17 L: 247b7.

Paramādya(162-5-6)

漢訳（欠）

’dod pa kun la loṅs spyod ciṅ/	sarvabhogopabhogaiś ca
ci ’dod par ni bsten pa yis/	sevyamānair yathāsukhaṃ/
rnal ’byor dag ni ’di dag gyis/	svādhidaivatayogena
raṅ gi bdag ñid rab mchod bya//	svam ātmānaṃ prapūjayet//

(*Subhāṣitasaṃgraha, Mūlasūtra=Sarvabuddhasamāyoga* 2-22cd-23ab)

Paramādya(163-1-7～163-1-8)

『理趣広経』819a9-13.

又復一切印相應者。謂印體具大樂堅固。由是大樂堅固。成就諸樂相應事。若諸行人勤求此最上祕密成就法者。但當精進發菩提心至意專勤。勿以苦節加行。而令疲極則生退轉。

phyag rgya sku ni brtan pa’i phyir/	mano(=mudrā)mūrtidṛḍhatvāc ca
de yaṅ bde bas brtan par ’gyur/	sarva(=saiva)saukhyaṃ dṛḍhībhavet/
sdug bsṅal gyis ni g-yo ’gyur ram/	
yaṅ na ’chi ba thob par ’gyur//	
de ni rnal ’byor sems las byuṅ/	
yid bde ba yis rab tu bsgrub/	
yid mi bde bas g-yo ba ’am/	duḥkhaiś calatvam āyāti
yang na ’gog pa thob par ’gyur//	nirodhaṃ vāpi gacchati//

(*Tattvasiddhi*)

Paramādya(163-2-2)重出

『理趣広経』819a15-16.

又復樂相應者。能作成就事。

謂諸樂法隨宜而受。如本尊相應大樂法故。

’dod pa kun la loṅs spyod ciṅ/	sarvabhogopabhogaiś ca
ci ’dod par ni bsten pa yis/	sevyamānair yathāsukhaṃ/
raṅ gi lha yi (P:lha’i) rnal ’byor gyis/	svādhidaivatayogena
bdag daṅ gźan rnams mchod par bya(L:gyis)//	
	svam ātmānaṃ(=svaparāṃś ca) prapūjayet//

(*Subhāṣitasaṃgraha, Mūlasūtra=Sarvabuddhasamāyoga* 2-22cd-23ab)

Paramādya(163-2-4～2-5)

『理趣広経』819a20-24.

何以故若勤苦加行。即於自體而生困苦。

由是於法而生散亂。不能專注作諸成就。

dka’ thub ñes pa mi bzad(P:zad) pas/	duṣkarair niyamais tīvraiḥ
sdug bsṅal ldan pas myur du bskam(P:skams)/	mūrtiḥ śuṣyati duḥkhitā/
sdug bsṅal gyis ni sems g-yeṅ ’gyur/	duḥkhād vikṣipyate cittaṃ
rnal ’byor la ni sbyor ba min//	vikṣepāt siddhir anyathā//

(*Tattvasiddhi, Kriyāsaṃgraha*)

是故修相應行者。隨意隨力而於飲食受用。乃至四威儀中戲笑語言。

於一切處無復罣礙。

de phyir ci ’dod la spyod pa/	yatheṣṭaceṣṭā vyāpāraḥ
kun za de bźin thams ca byed/	sarvabhuk sarvakṛt tathā/
ci ’dod bya ba la spyod pa/	yathākāmakriyācārī

ci 'dod par ni spyod pa spyod//	yathārucitaceṣṭitaḥ//
(*Sarvabuddhasamāyoga* 2-5; CVP 79c-80b)	

.../	utthito vā niṣaṇṇo vā
gaṅ daṅ gaṅ du 'chags pa daṅ/	caṃkramaṃ vā yathāsthitaḥ/
rgod pa 'am ni smra ba 'am/	prahasan vā prajalpan vā
gaṅ daṅ(L:yaṅ) de ru ci(L:ji) bźin de(L:te)//	yatra tatra yathā tathā//
(*Sarvabuddhasamāyoga* 2-6, CVP 80cd)	

Paramādya(163-2-5～2-7)

『理趣広経』819a24-26.

設有未入曼拏羅及有諸障惱。但當依本尊相應行修成就法者。於刹那間。皆悉圓滿

dkyil 'khor du ni ma źugs sam/	amaṇḍalapraviṣṭo vā
sgrib pa rnams daṅ ldan pa 'am/	sarvāvaraṇavān api/
raṅ gi lha'i rnal sbyor bdag/	svādhidaivatayogātmā
tshig gis kyaṅ ni de bźin 'gyur//	mandapuṇyo 'pi siddhyati//
(*Sarvabuddhasamāyoga* 2-7, CVP 81)	

de ñid rnal 'byor 'di yis ni/	anena tattvayogena
thams cad ñid ni bsgrub par bya/	sādhayet sarvam eva hi/
ṅan spyod sdig pa thams cad kyis/	durbhuktaiḥ duṣkṛtaiḥ sarvaiḥ
rnam pa kun tu gnod mi 'gyur/	sarvathā na praduṣyati//
(*Sarvabuddhasamāyoga* 2-8)	

24.最上成就印相分

Paramādya(164-2-7～2-8)

『理趣広経』820b7-820b11

thams cad bde ba dam pa rjes su chags pa'i thugs/

薩哩嚩二合引努囉引誐穌珂素引怛摩二合那裟引一句　　sarvānurāgasukhasatmanasa/

rdo rje sems dpa' khyod(P:khyed) ni rab tu dga' ba yin/

怛鑁二合嚩日囉二合薩埵波囉摩穌囉多二　　tvaṃ vajrasattva paramasurata/

bde ba chen po brtan źiṅ 'thor bar bdag gyur cig/

婆嚩彌引摩賀引穌珂涅哩二合除引薩囉二合野捺三

bhava me mahāsukhadṛḍhosra(=cchra)yada/

so sor rtogs śiṅ(L:nas) myur tu bsgrubs śiṅ phyag 'tshal lo//

鉢囉二合底鉢爹悉馳左羅具鉢囉二合拏多四

pratipattya(=padya) siddhya ca laghu praṇata//

Paramādya(166-2-8～3-2)

『理趣広経』821a3-821b1

Oṃ bodhicidtavajre/

唵引冒地唧多嚩日哩二合引一句　　Oṃ bodhicittavajre//1//

Oṃ samantabhatre cadye(L:rye)/

唵引三滿多跋捺囉二合左哩曳二合一句

Oṃ samantabhadracarye//2//

Oṃ cindhamane/

唵引進多引摩尼一句

Oṃ cintāmaṇi//3//

Oṃ anirodhe/

唵引阿鞞嚕提一句

Oṃ anirodhe//4//

Oṃ jativivarte/

唵引惹引底尾嚩哩帝二合引一句

Oṃ jātivivarte//5//

Oṃ sarvajñāni

唵引薩哩嚩二合尾倪也二合儞引一句

Oṃ sarvavijñāne//6//

Oṃ mahārāgadharmate/

唵引尾囉引誐達哩摩二合帝一句

Oṃ virāgadharmate//7//

Oṃ vidyākavace/

唵引尾引哩也二合葛嚩濟引一句

Oṃ vīryakavace//8//

(Tib.)lacking

唵引薩哩嚩二合誐引彌儞引一句

Oṃ sarvagāmini//9//

Oṃ vajratridhacite Hūṃ/

唵引嚩日囉二合捺哩二合茶唧帝吽一句

Oṃ vajradṛḍhacitte Hūṃ//10//

Oṃ sarvatathāgata/

唵引薩哩嚩二合怛他引誐帝一句 Oṃ sarvatathāgate//11//

Oṃ svabhāvaviśuddhāḥ

唵引莎婆引嚩戍馱達哩摩二合多引倪也二合引那尾戍地一句

Oṃ svabhāvaśuddhadharmatājñānaviśuddhi//12//

dharmatajñānaviśuddhe/

唵引達哩摩二合尾輸馱鞞一句 Oṃ dharmaviśuddhadya(sic)//13//

Oṃ karmaviśuddhe/

漢訳（欠） [Oṃ karmaviśodhani]//14//

Hūṃ sumbhavajriṇi phaṭ

唵引尾遜婆嚩日哩二合尼發吒半音一句 Oṃ vi(=ni)sumbhavajriṇi phaṭ//15//

Oṃ karmarāge/

唵引哥引摩囉引儗引一句 Oṃ kāmarāge//16//

Oṃ Ja vajraṇi/

唵引弱嚩日哩二合引一句 Oṃ Jaḥ vajre//17//

Oṃ Hūṃ sarvadharmani/

唵引吽薩哩嚩二合捺引摩鞞 Oṃ Hūṃ sarvadāmadya//18//

Oṃ Hrīḥ/

唵引紇哩二合一句 Oṃ Hrīḥ//19//

Oṃ akāromukhaṃ/

唵引阿哥引囉目契引一句 Oṃ akāramukhe//20//

Oṃ prajñāpāramitāye/

唵引鉢囉二合倪也二合引播引囉彌帝引一句 Oṃ prajñāpāramite//21//

Vaṃ Hūṃ/ Oṃ Oṃ/

阿鑁吽唵引阿引一句 [Oṃ] Aṃ Vaṃ Hūṃ Oṃ Aḥ//22//

Oṃ sarvatathāgatakayagre

唵引薩哩嚩二合怛他引誐多哥引野引儗哩二合引一句 Oṃ sarvatathāgatakāyāgre//23//

Oṃ sarvatathāgatabhaviśuddhe/

唵引薩哩嚩二合怛他引誐多嚩引儗尾二合戍地引一句

Oṃ sarvatathāgatavāgviśuddhe//24//

Oṃ sarvatathāgatacidtavajra/

唵引薩哩嚩二合怛他引誐多唧多嚩日哩二合引阿引一句

Oṃ sarvatathāgatacittavajre Āḥ//25//

(Cf. *Nayasūtra*)

Paramādya(169-2-2)

漢訳（欠）

kun mchog dṅos grub chen po ni/	sarvottamamahāsiddhi
dbaṅ phyug chen po lhag pa'i lha/	māhaiśvaryādhidaivataḥ/
rdo rje 'dzin kun rgyal po ste/	sarvavajradharo rājā
mi 'gyur mchog ni 'grub par 'gyur//	siddhya me paramākṣaraḥ//

(Vajrāvalī 21.2*)*

Paramādya(171-2-6)

漢訳（欠）

de la sogs pa mtha' yas mchog/	evam ādyair anantāgraiḥ
chos dbyiṅs mñam daṅ mi mñam pa/	dharmadhātusamāsamaiḥ/
nam mkha'i mtha' ltar graṅs med pa'i/	ākāśadhātuparyantaiḥ
phyag rgya'i rgyal mo grub mchog ster//	...//

(*Sarvabuddhasamāyoga.*1-16)

25.**最上秘密儀軌分**（=uttaratantra)

Paramādya(171-4-3～4-4)

『理趣広経』822a21-24

所言儀軌者　謂諸法儀軌

是無儀軌法　饒益諸衆生

而現諸儀軌　由如是儀軌

清淨諸法故

rnam rtog med pa'i chos rnams las/	avikalpāt samādhis(=dharmās) tu
sems can don yod yoṅs brtags bas/	sattvārthaparikalpanāt/

des na rtog par gsuṅs pa ste/	tena kalpaḥ samākhyāta[ḥ]
rtog pa yoṅs su dag phyir ro//	kalpanā pariśuddhayā//

(cf. 143-4-3～4)

Paramādya(171-4-6～4-7)

『理趣広経』822b3-5

所言本無者　如虚空本性

謂金剛薩埵　是大堅固身

是名本無有

nam mkha' skye ba mtshan ldan phyir/	ākāśotpādacihnatvād
thog ma mtha' ma med pa'i mchog/	anādinidhanaparam/
sems dpa' rdo rje che raṅ bźin/	mahāvajramayasattvair
rdo rje sems dpa' źes byar brjod//	[vajrasattveti ucyate//]

(cf. 156-3-4)

Paramādya(171-4-7～171-4-8)

漢訳（欠）

kun mchog dṅos grub chen po yi/	sarvottama mahāsiddhi
dbaṅ phyug chen po lhag pa'i lha/	mahaiśvaryādhidaivata/
rdo rje 'dzin pa kun gyi rgyal/	sarvavajradharo rājā
rab tu dga' ba mi 'gyur mchog//	siddhya me(=surata)paramākṣaraḥ//

(cf. 156-3-4～3-5)

Paramādya(172-2-5)

『理趣広経』823a24-26

所言大祕密　謂諸祕密法
而本無所有　是大樂金剛
即同普賢身　金剛衆大主
是名大祕密

nam mkha' skye ba mtshan ldan phyir/	ākāśotpādacihnatvād
thog ma mtha' ma med pa'i mchog/	anādinidhanaparam/
rdo rje sems dpa' che raṅ bźin/	mahāvajramayasattvaiḥ
dpal mchog daṅ po źes byar brjod//	[paramādyeti ucyate//]

(cf. 156-3-4)

Paramādya(172-3-8～172-4-1)
『理趣広経』824a1-3
　　　　是根本眞空
金剛薩埵性　是即普賢身
亦爲金剛主

thog mtha' med pa'i sems dpa' ni/	anādinidhanaḥ sattvo
rdo rje sems dpa' dga' ba che/	vajrasattvo mahārataḥ/
kun tu bzaṅ po kun bdag ñid/	samantabhadraḥ sarvātmā
rdo rje bsñems pa'i bdag po'i(P:po) bdag/	vajragarvā patiḥ patiḥ//
ces bya ba mchog daṅ po'i skyes bu'o//	paramādyapuruṣo bhagavān//

(*Vajrāvalī* 29.1)

Paramādya(172-4-3～172-4-5)
『理趣広経』824a10-15
所言非勤苦　謂所作成就

而不須加行　隨意隨處所
隨欲隨飲食　乃至四威儀
語言及戲笑　但發至誠心
住等引相應　依本尊儀法
如是相應理　速成一切法

bsgrub bya ci ’dod bsgrubs nas ni/	tasmād yatheṣṭavyāpārī
phyi nas ji(P: ci) ltar ’dod pa yis/	sarvabhuk sarvakṛt tathā/
ci ’dod spyod pa la spyod ciṅ/	yathākāmakriyācārī
thams cad byed ciṅ thams cad za(L:bza’)/	yathārucitaceṣṭitaḥ//

(*Sarvabuddhasamāyoga* 2-5; CVP 79c-80b)重出

laṅs pa ’am ni ’dug pa ’am/	utthito vā niṣaṇṇo vā
gaṅ daṅ de ru ’chag pa ’am/	caṃkramaṃ vā yathāsthitaḥ/
dgod pa daṅ ni smra ba ’am/	prahasan vā prajalpan vā
gaṅ der ji(P:ci) bźin de bźin no//	yatra tatra yathā tathā//

(*Sarvabuddhasamāyoga* 2-6; CVP80ab)

dbaṅ po gaṅ daṅ gaṅ lam gyur/	yad yad indriyamārgatvaṃ
de daṅ de yi ṅo bor bya/	yāyāt tat tat svabhāvataḥ/
mñam par gźag nas rnal ’byor gyis/	susamāhitayogena
raṅ gi lhag pa’i lha sbyor bya//	...//

(CVP76abc)

Paramādya(172-5-7～172-5-8)

漢訳（欠）

rgyal po rnams kyis rnam par sbyaṅs par mdzad pa ni/

sattvārthahetor na ca karmaśuddher

gaṅ la don kun dag phyir mdzad par mi 'gyur min/

jināḥ prakurvanti viśodhanāni

'dir(L:'di) ni bgegs byed bdud rnams kyaṅ ni yod ma yin/

na vighnam atrāsti na caiva mārāḥ

rtogs pas dṅos grub 'phel źiṅ byin gyis brlabs pa yin//

kalpe na ca siddhir vṛddhyādhiṣṭhitā//

ṅa ni bdud ñid mi 'gyur brtan med ñid mi 'gyur/

na māratāṃ yāmi na cādṛḍhatvaṃ

brtan pa ñid phyir ṅa ni brtan par mdzad pa yin/

dṛḍhatvahetor na ca śāsayāmi

rtag pa 'di ni mchog chen gaṅ gis sgrub byed pa/

dṛḍhībhavāmy āśu varāgrabodhaye

de la ṅa(P:de) ni dṅos grub myur du sgrub par byed//

yaḥ sādhayen māṃ svasukhair na duḥkhair//

(*Viṃśatividhi=Sarvabuddhasamāyoga* 10-17)[18]

18. See note 1.

『理趣広経』の曼荼羅について

『理趣広経』には多数の曼荼羅が説かれるが、チベット仏教では『理趣広経』「般若分」の冒頭に説かれる『理趣広経』金剛薩埵曼荼羅と、『理趣広経』「般若分」所説の曼荼羅をすべて集約した『理趣広経』都部曼荼羅の二種が有名である。

これに対して日本では、金剛界九会曼荼羅に理趣会として組み入れられる金剛薩埵十七尊曼荼羅が、『理趣経』を代表する曼荼羅と見なされている。（133頁）チベットでは、十七尊曼荼羅が『理趣広経』「真言分」所説の最初の曼荼羅とされるが、その作例は極めて稀である。その中で、中央チベットのシャル寺と、ムスタン（ネパール領）のローマンタン・チャンパラカンに十七尊曼荼羅の作例が現存している。（136頁と本書カヴァー）

『理趣経』十七尊曼荼羅

『理趣経』十七尊曼荼羅(配置図)

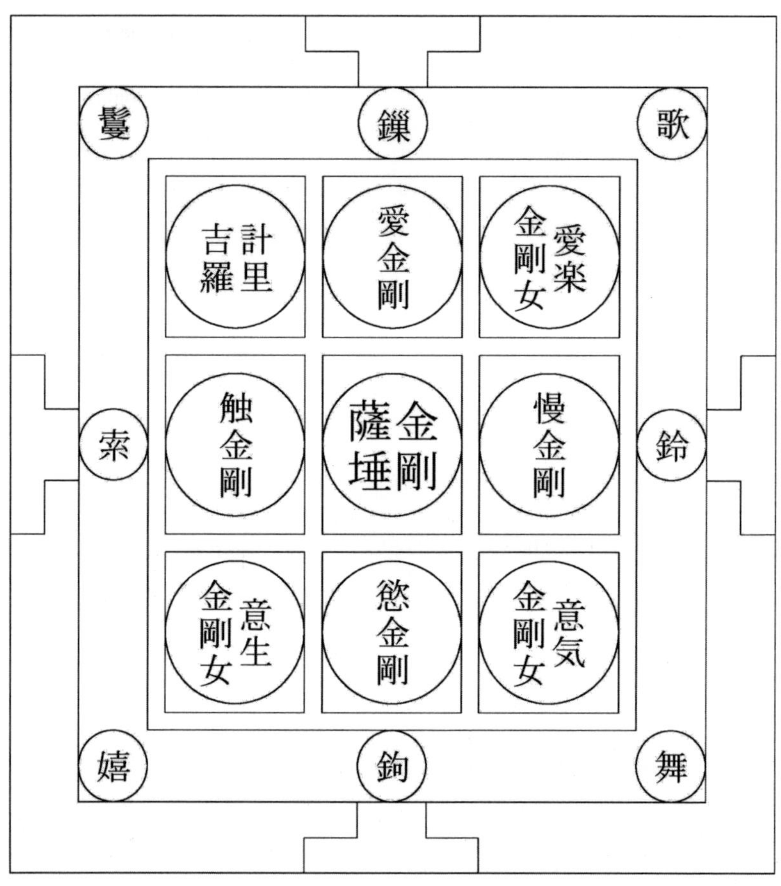

The Maṇḍalas of the *Paramādya-tantra*

Among the many maṇḍalas explained in the *Paramādya-tantra*, the two most popular in Tibetan Buddhism are the Paramādya-Vajrasattva maṇḍala explained at the start of the "Prajñā-khaṇḍa" and the Assembly maṇḍala (Tib. Rigs bsdus pa'i dkyil 'khor), which brings together all the maṇḍalas explained in the "Prajñā-khaṇḍa" of the *Paramādya-tantra*.

In Japan, on the other hand, the 17-deity maṇḍala of Vajrasattva is regarded as the representative maṇḍala of the *Prajñāpāramitānaya-sūtra* since it has been incorporated into the nine-assembly maṇḍala (Kue mandara) as the Rishu-e 理趣會 (p.133). In Tibet, examples of the 17-deity maṇḍala are very rare although it is regarded as the first maṇḍala of the Mantra-khaṇḍa of the *Paramādya-tantra*. However, they have survived in Zhalu monastery in central Tibet and Byams pa lha khang in Lo Manthang, Mustang (p.136 and the front cover).

The 17-deity Maṇḍala of Vajrasattva (Byams pa lha khang, Lo Manthang)

The 17-deity Maṇḍala of Vajrasattva (Byams pa lha khang, Lo Manthang)

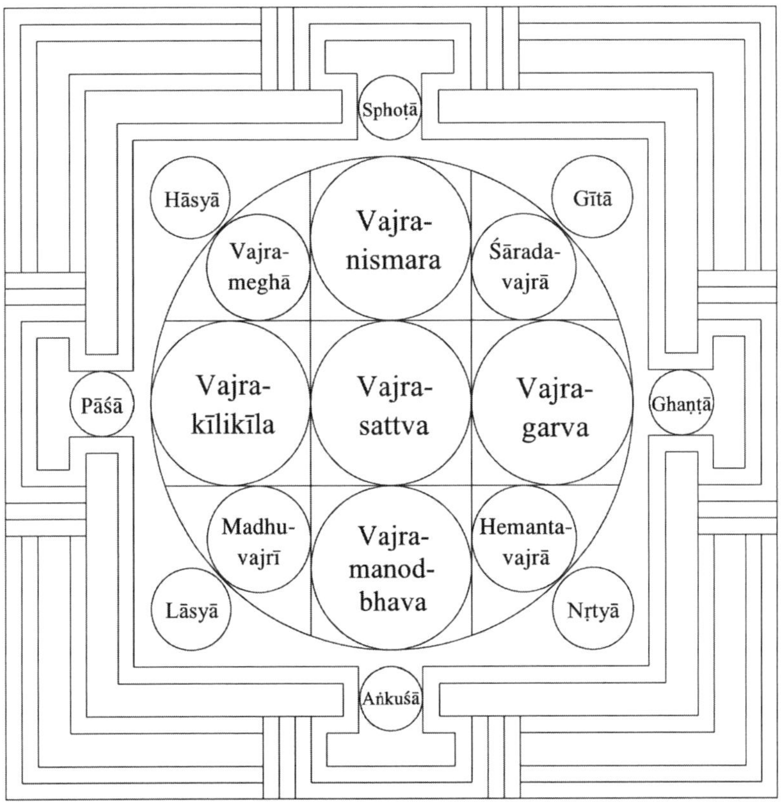

ビブリオグラフィー (Bibliography)

【邦文】[Japanese]

伊集院栞・加納和雄・倉西憲一・ピーター・ダニエル・サント [Ijuin, Shiori et al.] 2022.「梵文和訳『サマーヨーガ・タントラ』第5章1～20偈—物語りと仮面劇」[The *Samāyogatantra* Ch. 5, vv. 1-20 —Tantric Buddhist Narrative and Masked Ritual—: An Annoted Japanese Translation]『川崎大師教学研究所紀要』第7号

乾仁志 [Inui, Hitoshi] 1992.「Kriyāsaṃgrahaの本尊瑜伽について—梵文テキスト(中)—」[On Deity Yoga in the Kriyāsaṃgraha, Sanskrit text, part2]『高野山大学密教文化研究所紀要』第5号

荻原雲来 [Wogiwara, Unrai] 1938.「瓜哇に於て発見せられたる密教要文」[A text of the Esoteric Buddhism discovered at Java]『荻原雲来文集』pp.737-746.（荻原博士記念会）

酒井紫朗 [Sakai, Shiro] 1950.「ジャバ発見の密教要文の一節に就いて」[On a text of the Esoteric Buddhism discovered at Java]『密教文化』第8号

桜井宗信 [Sakurai, Munenobu] 1996.『インド密教儀礼研究』[A study of tantric Buddhist ritual: *Abhiṣeka* rites in late tantric Buddhism]（法藏館）

田中公明 [Tanaka, Kimiaki] 1984.「『Vajrodaya』に引用された啓請真言について」[On a Mantra from the *Subāhuparipṛcchā* Quoted in the *Vajrodaya*]『印度学仏教学研究』32-2.

— 2010.『インドにおける曼荼羅の成立と発展』[*Genesis and Development of the Maṇḍala in India*]（春秋社）

— 2017.「アームナーヤ・マンジャリーの新資料」[New Material on the *Āmnāyamañjarī*]『東洋文化研究所紀要』第172冊（東京大学東洋文化研究

所）

— 2019. 「Trisamayarāja-tantra所説の曼荼羅について」[The Maṇḍala of the *Trisamayarāja-tantra*] 『密教文化』第243号

— 2022. 「『理趣広経』「真言分」の蔵漢比較について—『普賢瑜伽』『勝初瑜伽』との関係を中心に—」[A Comparative Study of the Tibetan and Chinese Translations of the Mantra-khaṇḍa of the *Paramādya-tantra*: With a Focus on Its Relationship with the Samantabhadra-yoga and Paramādya-yoga of the Eighteen Assemblies of the Vajraśekhara Cycle]『密教学研究』第55号

栂尾祥雲 [Toganoo, Shōun] 1930. 『理趣経の研究』 [A study of the *Prajñāpāramitānaya-sūtra*] （高野山大学）

徳重弘志 [Tokushige, Hiroshi] 2015a.「『理趣広経』「真言分」のプダク写本について—資料編—」[On the Phug brag manuscript of *Śrīparamādya-mantrakalpakhaṇḍa-nāma*]『高野山大学密教文化研究所紀要』第28号

— 2015b.「『理趣広経』のプダク写本と『吉祥最勝本初広釈』との関連性について」[The Phug brag manuscript of *Śrīparamādya* and Its relationship with the *Śrīparamādya-ṭīkā*]『印度学仏教学研究』63-2

平岡龍人 [Hiraoka, Tatsuto] 2007.「『理趣広経』所説の〔金剛薩埵の〕百八名讃（十偈）」[The 108 Praises of Vajrasattva]『印度学仏教学研究』56-1.

福田亮成 [Fukuda, Ryōsei] 1987. 『理趣経の研究—その成立と展開』[A study of the *Prajñāpāramitānaya-sūtra*: Its genesis and development]（国書刊行会）

堀内寛仁 [Horiuchi, Kanjin] 1983, 1974. 『初会金剛頂経の研究　梵本校訂篇（上）（下）』[A study of the *Sarvatathāgatatattvasaṃgraha*: Critical edition of the Sanskrit text]（密教文化研究所）

松長有慶 [Matsunaga, Yukei] 1978. 『秘密集会タントラ校訂梵本』[The Guhyasamāja tantra]（東方出版）

密教聖典研究会 [Buddhist Tantric Texts Study Group] 2019. 「*Śrīparamādya-mantrakalpakhaṇḍa—Mahāsukhavajraguhya* 1 *（「冒頭章」）」『大正大学綜合仏教研究所年報』41

森口光俊 [Moriguchi, Mitsutoshi] 1986. 「Subāhuparipṛcchāgāthāについて」[On the Subāhuparipṛcchāgāthā]『智山学報』49

【欧文】[Western Languages]

Bahulkar, S. S. 2010. *Śrīguhyasamājamaṇḍalavidhiḥ*. Sarnath: Central Institute of Higher Tibetan Studies.

Bendall, Cecil. 1905. *Subhāṣita-saṃgraha*, Louvain: J. B. Istas

Dwivedi, Vrajavallabha. 1990. *Luptabauddhavacanasaṃgraha,* bhāga 1. Sarnath: Central Institute of Higher Tibetan Studies.

Giebel, Rolf W. 1995. "The Chin-kang-ting ching yü-ch'ieh shih-pa-hui chih-kuei: An Annotated Translation." Narita: Naritasan Bukkyō Kenkyūjo Kiyō 18.

Jampa Samten. 1992. *A Catogue of the Phug-brag Manuscript Kanjur.* Dharamsala: Library of Tibetan Works & Archives.

Lal, Banarsi. 2001. *Luptabauddhavacanasaṃgraha,* bhāga 2. Sarnath: Central Institute of Higher Tibetan Studies.

Mori, Masahide. 2009. *Vajrāvalī of Abhayākaragupta.* 2 vols. (Buddhica Britanica Series XI), Tring: The Institute of Buddhist Studies.

Negi, Thakur S. 2022. *Śrīsarvabuddhasamāyogaḍākinījālasaṃvaratantram*, Sarnath: Central Institute of Higher Tibetan Studies.

Pandey, Janardan. 1197. *Bauddhalaghugranthasaṃgraha*. Sarnath: CIHTS.

Pandey, Janardan Shastri. 2000. *Caryāmelāpakapradīpa*. Sarnath: CIHTS.

Pater, P. B. 1949. *Cittaviśuddhiprakaraṇa of Āryadeva*, Santiniketan: Visva Bharati.

Tanaka, Kimiaki. 2016. "Chinese Characters Devised for the Phonetic Transcription of Sanskrit Mantras and Verses Found in Translations of Tantras from the Northern Song and Liao Dynasties" (https://www.academia.edu/28021429/Chinese_Characters_Devised_for_the_Phonetic_Transcription_of_Sanskrit_Mantras_and_Verses_Found_in_Translations_of_Tantras_from_the_Northern_Song_and_Liao_Dynasties)

— 2018. *An Illustrated History of the Maṇḍala*, From Its Genesis to the Kālacakratantra, Somerville: Wisdom Publications.

Tomabechi, Toru. 2009. *Adhyardhaśatikā Prajñāpāramitā.* (STTAR 5) Beijing: China Tibetology Research Center and Vienna: Austrian Academy of Sciences.

Vitali, Roberto 1996. The Kingdoms of Gu.ge Pu.hrang, According to mNga'.ris rgyal.rabs by Gu.ge mkhan.chen Ngag.dbang grags.pa, Dharamsala, Tho.ling gtsug.lag.khang lo.gcig.stong 'khor.ba'i rjes.dran.mdzad sgo'i go.sgrig tshogs.chung.

Wedemeyer, Christian K. 2007. Āryadeva's Lamp That Integrates the Practices (Caryāmelāpakapradīpa): The Gradual Path of Vajrayāna, New York: Columbia University.

【中文】[Chinese]

四川省藏文古籍搜集保护编务院 2015.『藏区民间所藏藏文珍稀文献丛刊』(四

川民族出版社）

田中公明 2016.「论北宋、辽代汉译密教经典中使用的特殊汉字—梵文真言、偈颂的音译」『第三届中国密教国际学术研讨会　综合密教论文集』（陕西师范大学宗教研究中心）

あとがき

本書は、『理趣経』の広本とされる『理趣広経』後半部の「真言分」を中心とした日英二カ国語版の学術研究書である。

福田亮成教授が、『理趣広経』の蔵漢比較研究を公表されてから30年余りの間に、筆者をはじめ、高野山では川﨑一洋、德重弘志両氏がチベット系資料を用いた『理趣広経』研究に乗り出し、近年では大正大学密教聖典研究会も研究に名乗りをあげている。

しかし『理趣広経』の成立問題や蔵漢二訳の対応関係、『十八会指帰』所説の『普賢瑜伽』、『勝初瑜伽』の位置づけ、さらにアーナンダガルバの『理趣広経広釈』と現行の漢訳・チベット訳との対応関係については、日本の学界でも、いまだ意見の一致を見ていない。

そこで本書では、いまだにサンスクリット原典が発見されていない『理趣広経』「真言分」のサンスクリット原文を、他の資料を駆使して復原することにした。

とくに漢訳に見られる音写字からの原文復原は、欧米の研究者には不得意な分野であり、漢字文化圏の出身者でも、唐宋時代の発音から大きく隔たっている北京語の話者よりも、漢字の読み方がより保守的な日本・朝鮮半島・広東語圏・ベトナムの研究者に有利な分野といえる。本書の刊行が機縁となり、漢字音写からの原文復原が、密教の研究者にとって有効なツールであることが知られるようになることを期待している。

本書は、異なったグループに属し、いくつかの点において意見を異にする『理趣広経』の研究者に、共通のプラットフォームを提供することを目指すものである。著者もすでに齢六七となったので、前半の「般若分」を含めた『理趣広経』全体についての研究は、次世代の研究者に託したいと思う。

本書の刊行が、欧米では知られていなかったインド密教史における『理趣広経』の重要性という問題に、注意を喚起するものとなることを期待している。

なお紙数の関係で、本書で詳しく論じることができなかった問題については、本書のビブリオグラフィーに挙げた書籍・論文を参照されたい。

また畏友ロルフ・ギーブル氏には、英文校閲だけでなく、種々の有益な助言を頂戴し、チベット高等中央研究所（サールナート）のチャンバ・サムテン教授には、本書のチベット語要旨を翻訳して頂き、藤田弘基アーカイブスからは金剛薩埵の写真（29頁）を提供された。本書の刊行を引き受けられた(有)渡辺出版の渡辺潔社長にも大変お世話になった。末筆となって恐縮であるが、記して感謝の意を表したい。

2022年12月17日

著　者

Postscript

This volume is a Japanese-English bilingual monograph on the enlarged version of the *Prajñāpāramitānaya-sūtra*, the *Paramādya-tantra*, particularly its second half, the "Mantra-khaṇḍa."

Thirty years have passed since Fukuda Ryōsei published his work on a comparative study of the Tibetan and Chinese translations of the *Paramādya-tantra*. During this time, making use of Tibetan materials, not only myself but also Kawasaki Kazuhiro and Tokushige Hiroshi, both from Koyasan University, began our studies of the *Paramādya-tantra*. Recently, the Mikkyō Seiten Kenkyūkai (Buddhist Tantric Texts Study Group) at Taisho University has also launched a study of the *Paramādya-tantra*.

However, there still exist differences of opinion in Japanese academic circles regarding the origins of the *Paramādya-tantra*, correspondences between the Tibetan and Chinese translations, the interpretation of the **Samantabhadra-yoga*, the seventh assembly, and the **Paramādya-yoga*, the eighth assembly of the *Vajraśekhara-sūtra*, and correspondences between the Tibetan and Chinese translations and the *Śrīparamādi-ṭīkā* by Ānandagarbha.

Making use of various materials, I have tried to restore the Sanskrit original of the "Mantra-khaṇḍa" of the *Paramādya-tantra*, the Sanskrit manuscript of which has not been discovered. In particular, the restoration of the original Sanskrit from phonetic transcriptions in the Chinese translation may not be familiar to Western researchers. Among researchers from countries that use the

Chinese writing system, Japanese, Korean, Cantonese, and Vietnamese speakers, whose pronunciation of Chinese characters is conservative, have an advantage over Mandarin speakers, whose pronunciation is far removed from that of the Tang and Song dynasties.

I hope that the restoration of the original Sanskrit of a text from phonetic transcriptions in Chinese translations will be recognized as an effective tool for researchers of esoteric Buddhism. My aim has been to provide a common platform for reseachers of the *Paramādya-tantra* who belong to different groups and have different opinions about some matters.

I have abandoned the idea of publishing a study of the entire text of the *Paramādya-tantra*, and instead I am publishing this monograph, which is limited to the second half of the text, the "Mantra-khaṇḍa." Having reached the age of sixty-seven, I shall leave the study of the entire text, including the "Prajñā-khaṇḍa," to the next generation of scholars.

I hope that this study of the *Paramādya-tantra*, an important text in the history of Indian esoteric Buddhism, will attract the interest of researchers in the West. As for issues that have not been discussed in detail in this volume, reference may be made to the books and articles listed in the Bibliography.

Lastly, I would like to offer my heartful thanks to all those who have helped in the preparation of this publication. In particular, I wish to express my sincere gratitude to Mr. Rolf W. Giebel, who oversaw the English translation and gave me helpful advice; Prof. Jampa Samten of the Central Institute of Higher Tibetan Studies (Sarnath), who translated the Tibetan summary; the Fujita

Hiroki Archives, which provided me with the photograph of Vajrasattva on p.29 and Mr. Kiyoshi Watanabe, the president of Watanabe Publishing Co., Ltd., who undertook to publish this book with great care.

17 December 2022

Kimiaki TANAKA

著者略歴

田中公明(たなかきみあき)

1955(昭和30)年、福岡県八幡市(現北九州市)生まれ。東京大学文学部卒(印度哲学専攻)、1984年同大学大学院博士課程満期退学。同大学文学部助手(文化交流)を経て、1988年(財)東方研究会[現(公財)中村元東方研究所]専任研究員。2008年、東京大学大学院より博士[文学]号を取得。2013年、学位論文『インドにおける曼荼羅の成立と発展』(春秋社)で鈴木学術財団特別賞を受賞。2018年にはWisdom Publicationsから、その英語版An Illustrated History of the Mandalaも刊行された。

東京大学(1992, 1994～1996, 2001～2004年)、拓殖大学(1994, 1998年)、大正大学綜合佛教研究所(2016年)、高野山大学(2016年)、慶應義塾大学(2001～2020年)等で非常勤講師、北京日本学研究センター短期派遣教授(2003, 2010年)を歴任。現在(2023年)、富山県南砺市利賀村「瞑想の郷」主任学芸員、チベット文化研究会会長。東京国立博物館客員研究員(2016年～)、東方学院講師(2001年～)、東洋大学大学院講師(2017年～)[非常勤]、高野山大学(通信制)客員教授(2020年～)。ネパール留学(1988～89年)、英国オックスフォード大学留学(1993年)。韓国ハンビッツ文化財団学術顧問(1997～2015年)として、同財団の公式図録『チベット仏教絵画集成』第1巻～第7巻(臨川書店)を編集。密教、仏教図像、チベット学に関する著訳書(共著を含む)64冊、論文とエッセイ約160点。

詳しくは下記を参照。

http://kimiakitanak.starfree.jp/

https://www.youtube.com/channel/UCG1K_3Zcs8JWYn7WDKXuVqQ/videos

About the Author

Kimiaki TANAKA (b.1955, Fukuoka) is a research fellow at the Nakamura Hajime Eastern Institute, Tokyo. He studied Indian Philosophy and Sanskrit Philology at the University of Tokyo. He received a doctorate in literature from the University of Tokyo in 2008 for his dissertation entitled "Genesis and Development of the Maṇḍala in India." It was published in 2010 by Shunjūsha with financial support from the Japan Society for the Promotion of Science and was awarded the Suzuki Research Foundation Special Prize in 2013. In 2018, an English version of the dissertation, *An Illustrated History of the Mandala,* From Its Genesis to the *Kālacakratantra* was published from Wisdom Publications in USA.

He has been lecturer at the University of Tokyo, at Takushoku University, at the Institute for Comprehensive Studies of Buddhism, at Taisho University (Genesis and Development of the Mandala) and at Keio University (Buddhist Iconography) teaching Tibetan as well as courses on Buddhism. He studied abroad as a visiting research fellow (1988-89) at Nepal Research Centre (Kathmandu) and held a Spalding Visiting Fellowship at Oxford University (Wolfson College) in 1993. As a visiting professor, he gave lectures on Sino-Japanese cultural exchange at Beijing Centre for Japanese Studies in 2003 and 2010.

From 1997 to 2015, he was the academic consultant to the Hahn Cultural Foundation (Seoul) and completed 7 vol. catalogue of their collection of Tibetan art entitled *Art of Thangka*. He is presently (2023) a visiting professor at Koyasan University (Genesis and Development of the Mandala) and lecturer at Tōhō Gakuin, and in graduate course at Toyo University (Esoteric Buddhism).

He is also chief curator of the Toga Meditation Museum in Toyama prefecture, a visiting reserch fellow of Tokyo National Museum and the President of the Tibet Culture Centre International in Tokyo. He has published more than 64 books and 160 articles (including essays) on Esoteric Buddhism, Buddhist Iconography and Tibetan art.

http://kimiakitanak.starfree.jp/

https://www.youtube.com/channel/UCG1K_3Zcs8JWYn7WDKXuVqQ/videos

『理趣広経』「真言分」還梵テキスト

令和5年10月30日　第一刷発行

著　者　田中公明

発行者　渡辺 潔

発行所　有限会社渡辺出版

〒113-0033

東京都文京区本郷5丁目18番19号

電話　03-3811-5447

振替　00150-8-15495

印刷所　シナノ書籍印刷株式会社

ISBN978-4-902119-37-4

The Paramādya—tantra
Mantrakhanda
A Partial Restoration of the Sanskrit Text

Date of Publication: 30 October 2023

Author: Kimiaki Tanaka

Publisher: Watanabe Publishing Co., Ltd.
5-18-19 Hongo, Bunkyo-ku
Tokyo 113-0033 Japan
tel/fax: 03-3811-5447
e-mail: watanabe.com@bloom.ocn.ne.jp

Printer: SHINANO BOOK PRINTING Co., Ltd.

Distributor (Outside of Japan): Vajra Publications,
Jyatha, Thamel, P.O. Box : 21779, Kathmandu, Nepal
tel/fax: 977-1-5320562
e-mail: vajrabooks@hotmail.com

©Kimiaki TANAKA 2023 Printed in Japan
ISBN978-4-902119-37-4